Christian Stöwe/Lara Keromosemito

Führen ohne Hierarchie

Christian Stöwe/Lara Keromosemito

Führen ohne Hierarchie

Wie Sie ohne Vorgesetztenfunktion Teams motivieren, kritische Gespräche führen, Konflikte lösen

GABLER

Bibliografische Information Der Deutschen Bibliothek
Die Deutsche Bibliothek verzeichnet diese Publikation in der Deutschen Nationalbibliografie; detaillierte bibliografische Daten sind im Internet über <http://dnb.ddb.de> abrufbar.

1. Auflage 2004
Nachdruck 2005

Lektorat: Jens Kreibaum

Der Gabler Verlag ist ein Unternehmen von Springer Science+Business Media.
www.gabler.de

Umschlaggestaltung: Nina Faber de.sign, Wiesbaden
Druck und buchbinderische Verarbeitung: Wilhelm & Adam, Heusenstamm
Gedruckt auf säurefreiem und chlorfrei gebleichtem Papier
Printed in Germany

ISBN 3-409-12702-X

Vorwort

Das Dilemma der modernen Führung

Als Führungskraft stehen Sie heute in einem Dilemma. Einerseits müssen Sie dafür sorgen, dass Ihre Teammitglieder ihre Aufgaben unter immer größerem Zeitdruck erledigen und dabei den kontinuierlich wachsenden Qualitätsansprüchen von Kunden und Vorgesetzten gerecht werden. Dies ruft nach Autorität und Macht, um das Handeln Ihrer Mitarbeiter entsprechend der Zielvorgaben des Unternehmens auszurichten. Andererseits steht genau dies Ihnen immer seltener zur Verfügung: Macht und Autorität! Wir arbeiten in Matrixorganisationen, organisieren die Arbeit in Projekten, bei denen Ihnen als Projektleiter Personen zuarbeiten, die Ihnen hierarchisch vielleicht sogar überstellt sind. Flache Hierarchien sollen in Unternehmen schnelles, flexibles und effizientes Handeln ermöglichen. Gleichzeitig entspricht es nicht mehr den Werten unserer Gesellschaft, autoritär aufzutreten und Machtgebaren an den Tag zu legen. Wie kann es Ihnen in diesem Kontext gelingen, andere dazu zu bringen, in Ihrem Sinne zu handeln, wenn Sie nicht mit Machtmitteln ausgestattet sind?

Autorität haben oder Autorität sein

Wie gelangen Sie zu Autorität? Es gibt dazu verschiedene Wege: Der eine ist, Autorität zu haben aufgrund von Ressourcen und Macht. Max Weber beschrieb dabei Macht als „die Möglichkeit, seinen Willen gegen den eines anderen durchzusetzen." Dieser Weg scheidet für Sie aus, wenn Sie nicht der disziplinarische Vorgesetzte sind. Ein anderer Weg, Autorität zu erlangen, ist es, eine Autorität zu sein. Dies gelingt Ihnen, wenn Sie einen Wissens- und Erfahrensvorsprung gegenüber anderen haben. Ihre Teammitglieder werden Sie und Ihre Entscheidungen dann meist gerne akzeptieren. Wenn Sie jedoch wie viele Führungskräfte mit Fachexperten zusammen arbeiten, die in Teilbereichen fachlich versierter sind als Sie, erlangen Sie Autorität vor allem dadurch, dass Sie geeignete Strategien einsetzen, um andere in Ihrem Sinne zu beeinflussen. Hierfür gibt es kein Patentrezept. Es gibt jedoch sinnvolle Strategien, die Ihnen dabei weiterhelfen, andere zielorientiert zu führen, auch wenn Sie nicht der disziplinarische Vorgesetzte sind. Der Schlüssel zum Erfolg liegt dabei in einer Auseinandersetzung mit dem Mitarbeiter, seinen Wünschen, Motiven und Einstellungen. Wenn Sie Ihre Teammitglieder besser lesen können, fällt es Ihnen leichter, gemeinsam mit ihnen Ihre Ziele zu erreichen. Natürlich ist als nichtdisziplinarische Führungskraft nicht alles vollständig anders als bei disziplinarischen Führungskräften, aber es gibt eine Vielzahl von Besonderheiten, die Sie beachten sollten.

Praxiserprobte Strategien zur erfolgreichen Bewältigung des Dilemmas

Sie erhalten daher in diesem Buch praktische Tipps, wie Sie Mitarbeiter schnell einschätzen, Teammitglieder motivieren, Verhaltensweisen verändern, kritische Gespräche führen und Konflikte bewältigen können, um Ihr Team zielorientiert zu führen. An Hand konkreter Beispiele wird Ihnen dabei demonstriert, wie Sie diese Techniken einsetzen können. Alle Tipps, Checklisten und Vorlagen kommen aus der praktischen Arbeit. Sie sind in Trainings und Coachings mit Führungskräften, die sich in einer vergleichbaren Situation wie Sie befinden, entwickelt, verbessert und vielfach erprobt worden. Gerne lassen wir Sie von unseren Erfahrungen und denen zahlreicher Führungskräfte profitieren. Wir wünschen Ihnen viel Spaß beim Lesen und Erfolg beim Umsetzen. Wir freuen uns auf Ihr Feedback an: Fuehren-ohne-Hierarchie@Profil-M.de.

Christian Stöwe und Lara Keromosemito

Inhalt

Herausforderung 1: Teammitglieder in ihrer individuellen Persönlichkeit verstehen und gezielt einbinden

1.1 Worin besteht die Herausforderung?

Wenn Sie ein Team führen, ohne disziplinarischer Vorgesetzter zu sein, begegnet Ihnen vor allem ein Grundproblem: Sie haben sich Ihre Mitarbeiter oder Kollegen zumeist nicht ausgesucht. Die meisten Projektleiter, Stabsmitarbeiter oder fachlichen Vorgesetzten in Arbeitsteams oder Projektgruppen haben nur einen relativ geringen oder gar keinen Einfluss auf die Zusammenstellung Ihres Teams. Das wiederum bedeutet, dass Sie mit denen, die Sie haben, arbeiten und aus diesen das Maximale herausholen müssen.

Dies ist als Führungskraft ohne disziplinarische Mittel besonders schwierig, weil Sie in der Regel weder die Zeit, noch andere Ressourcen haben, um Ihre Teammitglieder langfristig in eine bestimmte Richtung zu entwickeln. Stattdessen müssen Sie unter hohem Zeit- und Leistungsdruck das Maximale aus den Ihnen gegebenen Ressourcen herausholen – und das bedeutet eben auch aus Ihren Mitarbeitern. Die Erfahrung zeigt, dass einem der Umgang mit einigen Teammitgliedern leichter fällt und mit anderen schwerer. Vielleicht ärgern Sie sich über einzelne Teammitglieder immer wieder, und manche sind Ihnen einfach sympathischer als der andere. Die Ursache dafür liegt darin, dass jeder Mitarbeiter mit seinen persönlichen Eigenschaften, Bedürfnissen, Wünschen und Arbeitsweisen anders ist.

Eine gute Basis, um mit dieser Unterschiedlichkeit umzugehen, ist es zunächst einmal, zu verstehen, mit wem man es eigentlich zu tun hat. Nur wenn Sie ein gutes Verständnis von Ihrem Gegenüber erlangen, sind Sie in der Lage, sich auch bewusst auf diesen einzustellen und Ihre eigenen Verhaltensweisen entsprechend anzupassen und gezielt zu agieren. Wenn Sie erst einmal ein gutes Verständnis von der Persönlichkeit Ihres Teammitglieds erlangt haben, können Sie die vorhandenen Möglichkeiten eines individuellen Einsatzes nach persönlichen Stärken und Talenten nutzen. Selbstverständlich sind auch diesem gezielten Einsatz je nach unterschiedlicher Persönlichkeit Grenzen durch die Aufgaben Ihres Projektes oder Ihres Verantwortungsbereiches gesetzt. Das sollte Sie jedoch nicht davon abhalten, die Möglichkeiten, die bestehen, voll auszunutzen.

Selbst wenn Sie kaum die Möglichkeit haben sollten, z. B. Aufgaben nach individuellen Stärken zu verteilen, so haben Sie doch zumindest durch eine differenzierte Kenntnis Ihres Mitarbeiters die Möglichkeit, schon im Vorfeld mögliche Probleme und Schwierigkeiten vorherzusehen und entsprechende Maßnahmen zu ergreifen. Es ist allemal besser, bewusst einem Teammitglied eine Aufgabe zu übertragen, bei der Sie schon wissen, dass er sich hierbei schwer tun wird, als sich im Verlaufe Ihrer Arbeit durch mangelnde Ergebnisse oder zu geringes persönliches Engagement überraschen zu lassen.

Neben der Berücksichtigung der individuellen Persönlichkeit bei jedem einzelnen Teammitglied ergibt sich natürlich für Ihre Führungsaufgabe ohne Vorgesetztenfunktion noch eine zweite Perspektive: Die Anforderung, aus unterschiedlichen Persönlichkeiten ein Team zu entwickeln, das gemeinsam an einem Strang zieht. Häufig berichten Projektleiter davon, dass sie ihr Team eher als einen „Käfig voller Narren“ denn als „Dream Team“ erleben. Immer wieder tauchen neben den ohnehin schon bestehenden Schwierigkeiten und Herausforderungen in der eigentlichen Arbeit Probleme in Bezug auf die Zusammenarbeit der Kollegen auf: Herr A beschwert sich über Herrn B, Herr C kommt mit Frau D nicht zurecht, Frau D schätzt die Fachkenntnis von Herrn A, kann ihn aber trotzdem persönlich nicht leiden usw. Gerade wenn Sie z. B. als Projektleiter oder aus einer

Stabsposition heraus Kollegen aus unterschiedlichen Bereichen führen sollen, erleben Sie häufig, wie stark unterschiedlich die individuellen Sichtweisen, Vorgehensweisen, Grundhaltungen und Arbeitsstile sind. Die Herausforderung besteht darin, aus dieser heterogenen und manchmal geradezu explosiven Mischung keine unkontrollierte Explosion, sondern eine sich zielgerichtet entladene Energie zu machen.

Selbstverständlich gilt bei allen o. g. Überlegungen, dass es Ihnen um so leichter fallen wird, unterschiedliche Persönlichkeiten einzuschätzen und entsprechend differenziert zu begegnen, um so besser Sie sich selber kennen. Nur wenn Sie sich Ihrer eigenen Verhaltensmuster, Grundeinstellungen und Persönlichkeit bewusst werden, sind Sie in der Lage, auch Ihren „typischen" Problemen mit einzelnen Charakteren vorausschauend zu begegnen und damit professionell umzugehen.

1.2 Unterschiedliche Teampersönlichkeiten verstehen und gezielt einbinden

Um mit unterschiedlichen Persönlichkeiten erfolgreich arbeiten zu können, ist es wichtig, zunächst zu verstehen, mit wem Sie es eigentlich zu tun haben.

> Ein Beispiel:
> Herr Meis arbeitet als Projektleiter bei einem Automobilzulieferer. Herr Meis ist Diplom-Maschinenbauingenieur und verfügt über zehn Jahre Berufspraxis in der Entwicklung von Motorkomponenten. Er arbeitet sehr strukturiert und systematisch und zeigt keine Scheu, in anstrengenden Projektphasen vollen Einsatz zu zeigen, was häufig zu Zwölf-Stunden-Tagen führt.
> Zurzeit leitet er ein Projektteam, das sich mit der Neuentwicklung einer Motorkomponente beschäftigt. Ziel dieses Projektteams ist es, bis Ende des Jahres ein marktreifes Produkt zu entwickeln und einen ersten Prototyp erfolgreich getestet zu haben. Der Projektplan ist wie immer sehr ambitioniert, und

Herr Meis führt ein striktes Projektmanagement, bei dem Meilensteine, Arbeitspakete und Zeitpläne strengstens verfolgt und eingehalten werden. In seinem sechsköpfigen Projektteam befindet sich unter anderem Herr Jungmann aus dem Vertrieb.
Die Geschäftsführung hat bei diesem Projekt besonderen Wert darauf gelegt, dass nicht nur die eigentliche Produktentwicklung, sondern auch jemand aus dem Vertrieb frühzeitig eingebunden wird, um ein maximal marktfähiges und kundenorientiertes Produkt zu entwickeln. Dieses Anliegen ist auch Herrn Meis wichtig, allerdings hat er einige Probleme mit Herrn Jungmann. Aus Sicht von Herrn Meis ist Herr Jungmann, der etwa fünf Jahre jünger ist als er, ein ziemlicher „Chaot", mit dem es schwer ist, zusammen zu arbeiten. Einige der Punkte, die ihn fürchterlich aufregen, sind z. B., dass Herr Jungmann häufig unpünktlich zu Projektmeetings kommt, teilweise nicht so vorbereitet ist wie vereinbart und zum Teil anspruchsvollen inhaltlichen Diskussionen aus dem Weg geht, indem er Dinge sagt wie „Das werden wir dann schon irgendwie machen, wenn es soweit ist." oder „Das sind doch alles Dinge, die unsere Kunden nicht interessieren. Was im Vordergrund steht, ist der Preis!" Für diese Art von Oberflächlichkeit kann Herr Meis kein Verständnis aufbringen!
Vor allem aufgrund der Unpünktlichkeit von Herrn Jungmann gab es in der Vergangenheit bereits einige kritische Gespräche zwischen ihm und Herrn Meis, so dass Herr Meis am liebsten auf die zukünftige Mitarbeit von Herrn Jungmann im Projekt verzichten würde. Auf der anderen Seite ist er sich bewusst darüber, dass Herr Jungmann einen maßgeblichen persönlichen Einfluss auf den für den Vertrieb zuständigen Geschäftsführer hat und im Unternehmen trotz seiner erst zweijährigen Zugehörigkeit über ein sehr gutes Netzwerk verfügt. Herr Meis befürchtet, es würde seinem Projekt schaden, wenn er Herrn Jungmann in Zukunft als Projektmitglied ablehnt. Also stellt sich für ihn die Frage, wie er mit diesem für ihn unangenehmen Zeitgenossen umgeht.

Bisher hat seine Strategie vor allem darin bestanden, Herrn Jungmann im Rahmen von Projektbesprechungen möglichst wenig Redezeit einzuräumen, damit dieser nicht seine typischen Vorträge zum Thema „Was der Kunde eigentlich will" halten kann, und seinen Einfluss auf die weitere Projektgestaltung möglichst gering zu halten. Nicht zuletzt deshalb hat er in der Vergangenheit Herrn Jungmann mitunter abrupt unterbrochen, worauf dieser teilweise geradezu eingeschnappt reagierte. Grundsätzlich ist Herr Meis überzeugt, dass Herr Jungmann sich für das Unternehmen und auch das Projekt engagieren möchte, er hat allerdings einfach nach seiner Ansicht „keine Ahnung von den technischen Notwendigkeiten des Produktes". In Bezug auf die Zusammenarbeit im Team teilen sich die Meinungen über Herrn Jungmann. Auf der einen Seite gibt es einige Projektmitglieder, die ihn sehr schätzen und persönlich gut mit ihm klar kommen, auf der anderen Seite kennt Herr Meis mindestens zwei andere Teammitglieder, die von seiner selbstdarstellerischen Art genervt sind und sich schon bei Herrn Meis über ihn beschwert haben.

Wie soll sich Herr Meis gegenüber Herrn Jungmann verhalten? Soll Herr Meis versuchen, Einfluss auf Herrn Jungmann auszuüben, so dass dieser sich endlich so verhält, wie er es sich wünscht, oder sollte er sich mit den „Macken und Ecken" von Herrn Jungmann abfinden? Sollte er vielleicht versuchen, Herrn Jungmann formell in der Projektgruppe zu belassen, ihn auf der anderen Seite aber möglichst von allen Aufgaben zu entbinden, um seinen Einfluss möglichst gering zu halten? Aber wer soll dann seine Aufgaben erledigen, wenn alle Teammitglieder ohnehin schon unter hoher Arbeitsbelastung und zeitlichem Druck stehen?

Damit Herr Meis mit Herrn Jungmann zurechtkommt und auch Sie sich mit Ihren unterschiedlichen Teampersönlichkeiten zurechtfinden, ist es wichtig, zunächst einmal eine individuelle Einschätzung der unterschiedlichen Teammitglieder vorzunehmen. Dabei hilft als Ausgangspunkt eine erste grobe Einschätzung hinsichtlich zweier wesentlicher Persönlichkeitseigenschaften.

Die Erfahrung zeigt, dass es einerseits Menschen gibt, die sehr sachlich und rational sind und andererseits Menschen, die eher emotional reagieren und arbeiten. In der Führungspsychologie werden die rationalen auch öfter als die Aufgabenorientierten und die emotionalen Führungspersönlichkeiten als die Beziehungsorientierten bezeichnet. Diese Unterscheidung wird z. B. deutlich, wenn man diesen beiden unterschiedlichen Typen die gleiche Problembeschreibung einer Abteilung vorlegt. Die eher aufgabenorientierte Führungspersönlichkeit wird dann als mögliche Problemursachen vor allem

- eine möglicherweise mangelnde Organisation
- unklare Verantwortlichkeiten
- unzureichende Qualifikation der Mitarbeiter
- mangelhafte Ablauforganisation oder Qualitätsmanagement
  - oder andere sachliche, organisatorische und aufgabenbezogene Dinge sehen. Auf der anderen Seite sehen stärker beziehungsorientierte Führungskräfte mögliche Problemursachen in Bereichen wie
- Probleme in der persönlichen Chemie zwischen Mitarbeitern
- Schwierigkeiten mit besonderen Charakteren
- Versäumnisse in Bezug auf die Einbindung von Mitarbeitern, wie z. B. Kommunikation der Ziele usw.

Ebenso sieht man diese Grundunterscheidung an der einfachen Frage, ob jemand stärker auf Basis rationaler Überlegungen Entscheidungen fällt oder stärker dazu neigt, Entscheidungen aus dem Bauch heraus, nach Gefühlslage zu treffen. Dies ist die erste grundsätzliche Unterscheidung.

Ein zweites wesentliches Unterscheidungsmerkmal besteht darin, dass es offensichtlich Menschen gibt, die stärker introvertiert sind und andere, die stärker extravertiert sind. Die introvertierten sind dabei eher auf sich selbst bezogen, etwas nach innen gekehrt, tendenziell stärker nachdenklich und ruhiger im Umgang mit anderen. Die stärker extravertierten hingegen gehen meist aus sich heraus, haben keine Schwierigkeiten damit, sich selber darzustellen und ihre Sichtweisen und Einstellungen anderen gegenüber klar zu kommunizieren. Diese grundlegende Unterscheidung nach introvertierten und extravertierten Persönlichkeiten basiert auf einem psychologischen Konzept, das C. G. Jung bereits Anfang des 20. Jahrhunderts entwickelt hat und das mittlerweile Eingang in die Alltagssprache gefunden hat und in einer Vielzahl psychologischer Testverfahren erfolgreich verwendet wird.

Kombiniert man nun diese beiden Grundeigenschaften Emotionalität/Rationalität und Introversion/Extraversion, so ergeben sich aus der Kombination der Merkmalsausprägung vier unterschiedliche Typen.

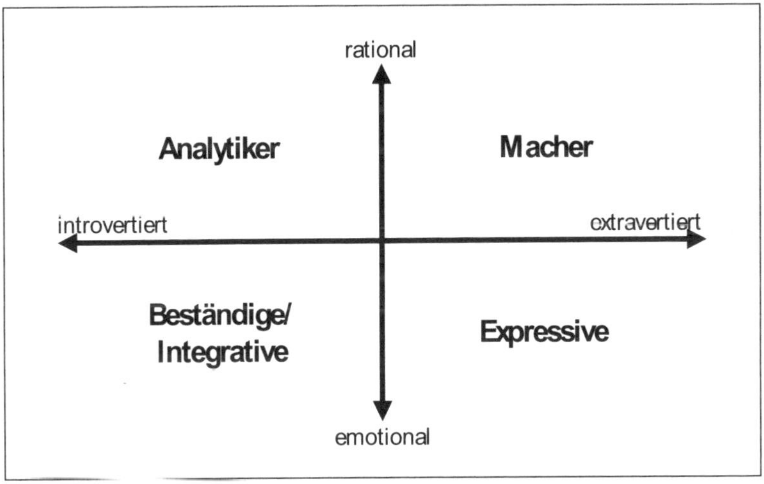

Abbildung 1: Die vier grundlegenden Persönlichkeitstypen

Selbstverständlich bildet diese Unterscheidung zunächst nur eine erste grobe Unterscheidung, die Ihnen hilft, unterschiedliche Teammitglieder schnell einzuschätzen. Es handelt sich dabei um ein Modell, das die wahre Komplexität der einzelnen Individuen stark vereinfacht und reduziert, um besser und flexibler handeln zu können. Das ist in etwa mit einer Straßenkarte vergleichbar, die als Modell einer Stadt dient und auf der einerseits Straßenbezeichnungen, Kreuzungen und wichtige öffentliche Gebäude sehr gut dargestellt sind, auf der andererseits jedoch auch viele Informationen über eine Stadt fehlen, wie z. B. geologische Daten, Angaben zu Fauna und Flora oder Informationen darüber, wie das Wetter gerade ist. Ebenso stellt dieses Modell von unterschiedlichen Persönlichkeitstypen eine Vereinfachung dar, die aber für Sie ein praktisches Instrument sein kann, um sich auf unterschiedliche Charaktere einzustellen und diese zielorientiert und effizient zu führen.

Im Folgenden werden die vier Typen bezüglich ihrer Grundeigenschaften näher charakterisiert und veranschaulicht.

Der Macher

Der Macher (alle Typen werden mit plakativen Begriffen versehen, damit sie sich leichter einprägen) ist vor allem dadurch charakterisiert, dass er

- Einfluss ausüben will,
- selbstsicher auftritt,
- wettbewerbsorientiert ist,
- zielstrebig und ergebnisorientiert agiert,
- Herausforderungen sucht,
- willenstark ist und
- Dinge bewegen und vorantreiben will.

Möchten Sie so jemanden als Teammitglied haben? „Auf jeden Fall!“ sagen Sie vermutlich, weil es wichtig ist, jemanden zu haben, der Dinge vorantreibt und zielstrebig agiert. Auf der anderen Seite besteht beim Macher natürlich die Gefahr, dass er

- versäumt, andere Teammitglieder mitzunehmen,
- so wettbewerbsorientiert ist, dass er Ihnen selbst Konkurrenz macht,

- lieber alleine entscheidet, als Kollegen einzubeziehen,
- seine eigene Linie unter Umständen hart vertritt, auch wenn Sie persönliche andere Vorstellungen haben,
- manchmal sehr schnell entscheidet, ohne alle relevanten Informationen ausreichend abzuwägen.

Denken Sie einmal einen Augenblick darüber nach, welchen Kollegen oder welches Teammitglied Sie kennen, das in etwa dem Bild des Machers entspricht, und wie Sie mit dieser Person umgegangen sind. Selbstverständlich sind bei allen Typen nicht nur Männer gemeint, sondern es gibt immer auch Frauen, die sich wie dieser Typ verhalten.

Der Expressive

Der Expressive ist eine Kombination aus Extravertiertheit und emotionaler Grundorientierung. Dadurch ist es für ihn besonders typisch,

- begeisterungsfähig zu sein,
- in seinen Stimmungen zu schwanken,
- gerne im Mittelpunkt zu stehen,
- mit Vorliebe außergewöhnlich oder auffällig zu sein,
- sich selber stark darzustellen und Risiken aufgrund von Bauchentscheidungen einzugehen,
- kreative Ideen einzubringen.

Besonders schwierig ist es im Umgang mit ihm, wenn er

- durch seine Begeisterungsfähigkeit nicht nur positive, sondern auch negative Stimmungen auf das Team überträgt,
- sich so stark selbst darstellt, dass es andere stört,
- kreative und außergewöhnliche Ideen vorantreibt, ohne die Bereitschaft zu haben, diese kritisch zu hinterfragen,

- manchmal allein auf Basis seines „Gefühls“ diskutiert und rationale Argumente kaum gelten lässt.

Hatten Sie schon einmal jemanden im Team, der solche Verhaltensweisen und Grundorientierungen gezeigt hat?

Bei folgendem Beispiel handelt es sich um einen Expressiven par excellence:

> Im Rahmen eines Großprojektes fand ein Workshop statt, bei dem die Teilprojektleiter sich über aktuelle Probleme austauschen und diese gemeinschaftlich lösen sollten. Zu diesem Zweck stand ein neutraler Moderator zur Verfügung, der sein psychologisches Fachwissen einbringen sollte. Ein Teilprojektleiter meldete sich zu Wort und echauffierte sich über die externen Berater im Unternehmen, mit denen er massive Probleme habe. Die Berater verhielten sich arrogant und behandelten die Teilprojektleiter, die ja die Kunden waren, von oben herab. Besonders entrüstet zeigte sich der Teilprojektleiter in diesem Zusammenhang über seinen Vorgesetzten. Dieser würde stets viel mehr dem Urteil der Berater vertrauen als dem seiner Mitarbeiter. Kein Wunder, schließlich war der Vorgesetzte früher selbst als Berater tätig. Der Teilprojektleiter schilderte über mehrere Minuten, wie unmöglich die Berater sich verhalten hätten und dass er zutiefst von seinem Chef enttäuscht war. Die Teilprojektleiterkollegen fanden seine Ausführungen zunächst sehr amüsant und konnten sie gut nachvollziehen, da sie alle bereits ähnliche Erfahrungen gemacht hatten. Nach einiger Zeit wurden sie jedoch zunehmend ungeduldig, da das Thema einen sehr großen Raum einnahm. Daraufhin merkte der Moderator an, dass dieses Problem nicht wirklich etwas mit dem aktuellen Projekt zu tun habe, und fragte, was der Teilprojektleiter denn nun von ihm als Moderator erwarte. Der Teilprojektleiter antwortete: „Ach, Sie können da gar nichts mehr tun. Das Ganze ist ja auch schon sechs Monate her! Ich fand es nur mal spannend, mein Problem mit einem Experten zu besprechen.“

Der Beständige oder Integrative

Durch seine einerseits emotionale und andererseits introvertierte Orientierung zeigt sich der Beständige oder Integrative vor allem:

- unauffällig
- sensibel für andere
- sicherheitsorientiert
- persönlich verlässlich
- zurückhaltend und
- hilfsbereit

Insgesamt zeigt er eine hohe Bereitschaft und den absoluten Willen, andere zu akzeptieren und gut mit anderen auszukommen. Eigentlich der ideale Teamplayer, oder? Allerdings sollten Sie dabei bedenken, dass er auch dazu neigen kann,

- auch dann noch ruhig zu bleiben, wenn er sich eigentlich ärgert oder enttäuscht ist,
- Konflikte zu vermeiden und damit mittelfristig andere Probleme in Kauf zu nehmen,
- sich schwer zu tun, schnell und selbstständig Entscheidungen zu fällen,
- sich gegenüber anderen nicht klar abzugrenzen, indem er z. B. manchmal nur aus reiner Höflichkeit und Hilfsbereitschaft mehr Aufgaben annimmt, als er eigentlich bewältigen kann.

Die Schwierigkeit beim integrativen oder beständigen Teammitglied besteht oft darin, dass Sie als Team- oder Projektleiter kaum merken, was er gerade denkt. Es sei denn, es gelingt Ihnen, eine persönliche, vertrauensvolle Gesprächsbasis zu schaffen und diesen Mitarbeiter für sich zu öffnen. Dann kann er Ihnen eine starke Hilfe darin sein, auch die zwischenmenschliche Ebene zwischen Ihren Teammitgliedern zu verstehen. Eine weitere Gefahr liegt beim Beständigen und Integrativen darin, dass man ihn zu sehr mit lästigen bzw. unangenehmen Aufgaben überfrachtet. Er ist dafür prädestiniert, denn von ihm hören Sie nur selten ein „Nein“, wenn Sie eine Aufgabe an ihn delegieren, dazu ist er nämlich zu hilfsbereit. Da er überdies Aufgaben meist sehr zuverlässig bearbeitet, wenden Sie sich gerne an ihn. Von ihm erhalten Sie Ergebnisse pünktlich, in der erforderlichen Qualität und ohne große Diskussion. Dabei können Sie jedoch auch an seine Belastungsgrenze stoßen. Wehe, wenn Sie dies jedoch nicht merken. Das nimmt er Ihnen persönlich übel und kann dabei sehr nachtragend sein, statt sich von Anfang an besser abzugrenzen. Daher sollten Sie bei Beständigen und Integrativen regelmäßig nachfragen, wie es ihm geht und wie es um seine Arbeitsbelastung steht. Gehen Sie davon aus, dass er selbst sich häufig erst dann beschwert, wenn es zu spät ist.

Der Analytiker

Als Kombination einer grundlegend sachlichen, rationalen Orientierung mit einer eher introvertierten Art ist es für den Analytiker typisch,

- sehr aufgabenorientiert zu denken und zu handeln,
- methodisch und strukturiert vorzugehen,
- sich auf einzelne Themenbereiche zu spezialisieren,
- wenig Wert auf Äußerlichkeiten zu legen,
- sich auf Zahlen, Daten und Fakten zu konzentrieren,
- inhaltlich korrekt und detailorientiert zu arbeiten und
- sich für das Aufdecken und Lösen von schwierigen Problemen zu interessieren.

Entsprechend oft ist er als Fachmann und Experte, der Dinge genau hinterfragt und detailliert bearbeitet, ein wertvolles Teammitglied.

Auf der anderen Seite kann es durchaus sein, dass er

- die technisch beste Lösung sucht und dabei zu viele Ressourcen verbraucht ,
- auf der Suche nach der schönsten Lösung vergisst, zu überlegen, für wen diese überhaupt Sinn macht,
- lange, unfruchtbare Diskussionen um kleine Details führt,
- wenig Verständnis für die emotionalen Belange anderer Teammitglieder zeigt,
- sich schwer tut, vor lauter Details und der Vielzahl aller Aspekte eine konkrete Entscheidung zu fällen oder
- schwer zu überzeugen ist, Dinge pragmatisch anzugehen oder auch einmal „halbfertige“ Lösungen zu akzeptieren.

Im Folgenden wird ein typisches Beispiel für einen Analytiker geschildert:

> Ein kleines Team arbeitete in einem SAP-Projekt. Kurz vor dem Produktivstart waren die meisten Teammitglieder damit beschäftigt, den Anwendern den Nutzen des Systems zu erklären und sie zu schulen. Der technische Spezialist arbeitete die gesamte Zeit „an der Technik.“ Dies war augenscheinlich gar nicht so einfach. Der Mitarbeiter leistete Dutzende von Überstunden und arbeitete selbst am Wochenende. Wenige Tage vor dem Projekt-Ende präsentierte er dem Team sein Ergebnis: er hatte eine Funktion programmiert, mit der man sehr komfortabel bestimmte Aufträge kopieren und daher nicht jedes Mal neu anlegen musste. Voller Stolz führt er die Funktion am Rechner vor. Eine seiner Kollegen meinte darauf hin: „ Mit dieser Funktion werden doch maximal 2 Prozent der Anwender arbeiten.“ Darauf entgegnete der Mitarbeiter: „Ich weiß, aber es läuft trotzdem schön!“

Sie sehen, alle unterschiedlichen Typen von Persönlichkeiten und Teammitgliedern haben ihre Stärken und Schwierigkeiten. Selbstverständlich werden in der Beschreibung hier lediglich die extremen Ausprägungen oder reinen Typen dargestellt. Die meisten Menschen haben unterschiedlich starke Anteile dieser vier Grundorientierungen in sich und können diese entsprechend unterschiedlich in ihre Arbeitsweise einbringen. Es ist eher wahrscheinlich, dass Sie Personen begegnen, die zwei bis drei Typen abdecken, als dass Ihre Mitarbeiter einen Typ in Reinkultur repräsentieren oder gleich ausgeprägte Facetten aller vier Typen beinhalten. Sie werden ebenfalls wie die meisten Menschen feststellen, dass es einen Typen gibt, mit dem Sie am wenigsten zurechtkommen. Zu diesem Typen können die weiteren Tipps und Hinweise in diesem Buch besonders wertvoll für Sie sein.

1.3 Woran erkenne ich die Persönlichkeit meiner Teammitglieder?

Überlegen Sie doch einmal für ein konkretes Teammitglied bei Ihnen, wie stark es dem Idealbild des Analytikers, Machers oder eines Expressiven entspricht. Fällt es Ihnen leicht, Ihre Mitarbeiter in Bezug auf deren Grundorientierung in etwa einzuordnen? Wenn Sie eine genauere Einschätzung Ihrer Teammitglieder vornehmen möchten, können Sie zwei Dinge tun: Entweder Sie gehen die Charakterbeschreibungen der vier Typen durch und zählen einfach, wie viele Beschreibungen auf diesen Mitarbeiter zutreffen. Entsprechend der größten Übereinstimmung identifizieren Sie dann die Grundorientierung Ihres Mitarbeiters.

Alternativ dazu finden Sie am Ende des Kapitel 1 einen Selbsttest, bei dem Sie für sich persönlich herausbekommen können, welcher Typ Sie am ehesten sind. Diesen Selbsttest können Sie natürlich auch aus der Perspektive für einen Mitarbeiter ausfüllen und ein entsprechendes Ergebnis erhalten. Wenn Ihnen Informationen fehlen, um ein Bild von Ihren Teammitgliedern zu bekommen, können Sie diese entweder während der Arbeit beobachten oder aber auch vertiefende, persönliche Gespräche darüber führen, was ihnen bei ihrer Arbeit wichtig ist, wie sie die Welt sehen und worauf sie Wert legen.

Sie erhalten schon erste Hinweise auf den Grundcharakter einer Person, indem Sie sich einfach das Büro oder den persönlichen Arbeitsplatz anschauen. So sieht man beim Expressiven häufig, dass es dort einigermaßen chaotisch aussieht, viele Dinge durcheinander liegen, weil er gerne mehrere Sachen gleichzeitig anfängt und von sich denkt: „Nur das Genie beherrscht das Chaos."

Beim eher beständigen, integrativen Typ hingegen findet man sehr persönliche Gegenstände im Büro, wie z. B. Bilder von der Familie oder persönliche Erinnerungsstücke von Urlaubsreisen oder Erlebnissen mit Kollegen. Auf dem Schreibtisch oder in dem Büro des Analytikers geht es in aller Regel sehr strukturiert und vor allem sachlich zu.

Manche Analytiker haben einen sehr ausgeprägten Ordnungssinn, manche neigen dazu, unterschiedliche Dinge gleichzeitig anzufangen und selbstverständlich immer einen großen Stapel mit Fachliteratur vorzuhalten, der „irgendwann, wenn einmal Zeit dafür ist", gelesen werden soll.

Im Büro oder am Schreibtisch des Machers hingegen sieht es oft so aus, dass er sich rational organisiert hat und die wichtigen Dinge immer griffbereit liegen. Daneben gestaltet der Macher seine eigene Arbeitsorganisation pragmatisch und greift gerne, wenn möglich, auf technische oder personelle Unterstützung zur eigenen Organisation zurück.

1.4 Wie Sie unterschiedliche Team-Typen optimal einsetzen

Wenn Sie eine individuelle Einschätzung Ihrer Teammitglieder vorgenommen haben, stellt sich vor allem die Frage, wie Sie die unterschiedlichen Charaktere optimal einsetzen und für Ihren Arbeitserfolg nutzen können. Die Grundfrage, die sich bei allen Typen stellt, ist die folgende: Kann und will ich mich in meinem Verhalten und meiner Aufgabenzuordnung auf die unterschiedlichen Typen einstellen oder möchte ich und kann ich diesen Menschen verändern? Bei dieser Frage sollten Sie sich als Führungskraft ohne disziplinarische Vorgesetztenfunktion vor allem darüber im Klaren sein, dass Entwicklungsprozesse bei Mitarbeitern oft zeitintensiv und aufwändig initiiert und begleitet werden müssen. Wenn Sie mit sehr eingeschränkten Ressourcen unter einer engen Zeitplanung arbeiten, empfiehlt es sich, die unterschiedlichen Typen so weit wie eben möglich hinsichtlich ihrer persönlichen Stärken einzusetzen.

Dazu gehört z. B. beim Macher, dass Sie:

- ihm explizit Verantwortung geben,
- ihm Gelegenheit geben, sichtbare Erfolge zu haben,
- ihm seinen Nutzen bei der Sache deutlich machen,
- ihm möglichst keine Routineaufgaben geben,
- ihm unter Umständen Führungsaufgaben (wie z. B. Teilprojektleitung) übertragen oder
- sich zumindest persönlich dafür einsetzen, seine Karriere zu unterstützen.

Wenn Sie ihn für eine Zusammenarbeit und sein volles Engagement gewinnen wollen, müssen Sie ihm deutlich machen, warum in Ihrer Aufgabe, die Sie für ihn haben, eine persönliche Herausforderung, Entwicklungschance und Erfolgspotenzial steckt.

In Bezug auf mögliche Aufgaben ist er besser dafür geeignet, Entscheidungen konsequent um- und durchzusetzen als unterschiedlichste Befindlichkeiten zu sehen und zu berücksichtigen. Es ist ihm eher gegeben, z. B. unter Zeitdruck pragmatische Lösungen herbeizuführen als detailorientierte Vorgehensweisen zu pflegen.

Was sollten Sie im Umgang mit dem Expressiven beachten?

Mitarbeiter(n), die stärker der expressive Typ sind, sollten Sie:

- explizit „besonders" behandeln,
- Raum zur Selbstdarstellung bieten,
- die Spaßkomponente bei Aufgaben verdeutlichen,
- Raum für Kreativität geben,
- auf der persönlichen Ebene ansprechen und persönlich loben und anerkennen.

Aufgaben, die ihm besonders leicht fallen, sind z. B.:

- Teamergebnisse präsentieren,
- repräsentative Aufgaben wahrzunehmen,
- anderen die Begeisterung und den Spaß für ihr Projekt oder Thema zu vermitteln und
- persönliche Netzwerke und Kontaktstärke einzusetzen, um Fürsprecher für ihre Themen zu gewinnen.

Besonders im Umgang mit kreativen Aufgaben zeichnet ihn aus, dass er auch ungewöhnliche Ansätze und wirklich neue Lösungsmöglichkeiten entwickeln und einbringen kann, ohne die berühmte „Schere im Kopf“ zu haben.

Wie begegnen Sie am Besten dem Beständigen/ Integrativen?

Wenn Sie den Beständigen/Integrativen für sich gewinnen wollen, sollten Sie:

- ihm ein stabiles, harmonisches Umfeld bieten,
- ihm vertraute Aufgaben geben,
- ihm zeigen, wenn er Ihnen als Mensch wichtig ist,
- ihn für seine persönliche Stabilität und Verlässlichkeit wertschätzen,
- ihm Unterstützung anbieten,
- ihm klar definierte Aufgaben und Verantwortungsbereiche übergeben und
- ihn regelmäßig explizit fragen und Interesse daran zeigen, wie es ihm persönlich in der Zusammenarbeit geht.

Wenn Sie sich seine Ressourcen optimal nutzbar machen möchten, geben Sie ihm am besten Aufgaben,

- bei denen er das Gefühl hat, dass er diese kennt und sicher beherrscht,
- bei denen Gelegenheit ist, andere zu unterstützen,
- bei denen es wichtig ist, andere durch Verlässlichkeit und Integrität zu überzeugen oder
- bei denen es wichtig ist, sensibel auf unterschiedliche Bedürfnisse, Ansichten und Perspektiven Rücksicht zu nehmen.

Um den Analytiker zu bewegen, sich maximal für Ihr Thema zu engagieren, sollten Sie:

- ihn als Experten anerkennen,
- ihm technisch gute Arbeitsmittel zur Verfügung stellen,
- ihm Möglichkeiten der fachlichen Weiterentwicklung bieten,
- ihm alle Zahlen, Daten und Fakten, über die Sie in Bezug auf Ihr Thema verfügen, zur Verfügung stellen,
- bei allen Dingen, die Sie vermitteln wollen, gute sachliche Argumente bereit halten,
- ihm ein strukturiertes Umfeld und systematische Vorgehensweisen und Arbeitsschritte bieten.

Damit er seine eigenen Stärken voll einbringen kann, ist er vor allem offen für Aufgaben,

- bei denen er inhaltlich anspruchsvoll gefordert wird und sich als Experte einbringen kann,
- bei denen er sich vielleicht alleine vertieft mit Details auseinander setzen kann,
- bei denen Genauigkeit und Präzision in der Bearbeitung notwendig sind.

Wenn Sie in der Lage sind, die unterschiedlichen Aufgaben entsprechend zuzuordnen, dann haben Sie sichergestellt, dass sich die maximale Leistungsfähigkeit der einzelnen Teamtypen erschließt. Selbstverständlich wird diese Zuordnung nicht immer optimal gelingen, jedoch werden Sie feststellen, dass es einige Aufgaben gibt, die für den Macher vielleicht langweilige Routine sind, bei denen sich der Beständige, Integrative wohl fühlt oder dass der Expressive mit einer entsprechenden Unterstützung bei der Vorbereitung sehr gerne Arbeitsergebnisse präsentiert, während der Analytiker vielleicht froh ist, dass er nicht „vorne stehen“ muss.

1.5 Verändern sich die unterschiedlichen Typen mit der Zeit?

Auf der einen Seite zeigt die Erfahrung, dass Menschen, die erwachsen sind und z. B. ab einem Alter von 20 oder 30 Jahren eine gewisse persönliche Reife erlangt haben, in ihrer Grundorientierung als z. B. Analytiker oder Expressiver durchaus beständig bleiben. Grundlegende Überzeugungen, Werthaltungen und Charaktereigenschaften entstehen eben hauptsächlich in der Kindheit und Jugend durch den Einfluss von Elternhaus, Freundeskreis und durch wichtige, persönliche Erfahrungen.

Dennoch zeigt sich, dass jeder, der persönlich offen und bereit ist, an sich zu arbeiten, auch die Möglichkeit hat, sich in einem gewissen Maße zu verändern. Oft sieht man im beruflichen Alltag, dass einzelne deutlich ausgeprägte Grundtypen im Laufe der Zeit gelernt haben, andere, eigentlich bei ihnen schwach ausgeprägte Anteile anderer Typen stärker in den Vordergrund zu stellen, um einzelne Situationen erfolgreich zu bewältigen. So gibt es z. B. nicht selten den eigentlich verbindlich-integrativen Teamleiter, der sich sehr gerne um seine Mitarbeiter kümmert und eigentlich Konflikte scheut, der aber im Laufe der Zeit gelernt hat, dass es Situationen gibt, in denen man nicht umhin kann, ein kritisches Feedback zu geben und Konflikte aktiv anzugehen. Dabei tun sich die verschiedenen Typen bei Dingen, die ihnen eigentlich nicht sehr liegen, weiterhin etwas schwer, lernen jedoch mit der Zeit, sich zu überwinden und auch diese Situationen erfolgreich zu bewältigen, auch wenn sie hierfür per se kein besonderes Talent haben.

Wichtig für die eigene Weiterentwicklung ist es, sich persönlich zunächst einmal bewusst zu werden, welche individuellen Stärken und Verbesserungsfelder Sie haben und gezielt an diesen Dingen zu arbeiten.

1.6 Warum Sie persönlich mit manchen Typen gut zurechtkommen und mit anderen weniger

Wenn Sie Ihre Mitarbeiter eingeschätzt haben, werden Sie schnell erkennen, dass Sie aufgrund Ihrer eigenen Persönlichkeit und Grundorientierung mit einigen besser zurechtkommen als mit anderen. In der Regel kann man sagen, dass die wahrgenommene Ähnlichkeit zwischen zwei Menschen zu einer gegenseitigen Sympathie führt. Treffen sich ein Teamleiter und ein Mitarbeiter, die beide Analytiker sind, so werden Sie schnell darin übereinstimmen, dass die Dinge ausgesprochen gründlich und detailliert bearbeitet sein wollen, dass es wichtig ist, strukturiert vorzugehen und ein hohes Maß an Fachkenntnis zu haben. Auf der anderen Seite kann es durchaus sein, dass man Kollegen oder Mitarbeiter mit einer anderen Grundorientierung für Dinge schätzt, die man bei sich selber als bedauerlicherweise geringer ausgeprägt sieht.

Die Ausgangsbasis, um mit unterschiedlichen Typen gleichermaßen gut zurechtzukommen, besteht im gegenseitigen Verständnis und Toleranz. Denken Sie einmal darüber nach, welche Grundorientierung bei Ihnen selbst am stärksten vertreten ist, und fragen Sie sich einmal, gegenüber welchen Verhaltensweisen der vier Typen Sie wenig Toleranz zeigen. Werden Sie sich bewusst darüber, dass nun einmal jedes Teammitglied seine persönlichen Eigenschaften und Werthaltungen mit einbringt und dass Sie diese als Ressource nutzen können.

Wenn Sie eine eigene Einschätzung Ihrer Persönlichkeit nach diesem Typenmodell vornehmen möchten, können Sie den Fragebogen beantworten, den Sie am Ende des Kapitel 1 finden. Er gibt Ihnen Auskunft darüber, wie stark die unterschiedlichen Orientierungen Emotionalität vs. Rationalität und Introversion vs. Extraversion bei Ihnen ausgeprägt sind. Auf diese Weise erhalten Sie eine Rückmeldung über Ihre eigene persönliche Ausprägung.

Nachdem Sie den ersten Schritt getan haben, um sich selber zu erkennen, empfiehlt es sich natürlich, in Ergänzung eines solchen Fragebogens auch Feedback von Dritten einzuholen. Nutzen Sie dazu die Gelegenheit, um mit Kollegen oder Teammitgliedern darüber zu sprechen, wie diese Sie sehen und wo diese Stärken und Schwierigkeiten im Umgang mit Ihnen persönlich erleben. Wenn Sie sich selber und Ihre persönlichen Reaktionen auf unterschiedliche Typen besser kennen, sind Sie leichter in der Lage, auch Verständnis für andere zu haben und diese gezielt einzubinden.

Betrachten wir noch einmal Herrn Meis aus unserem Beispiel am Anfang des Kapitels. Als welchen Typ würden Sie Herrn Meis am ehesten sehen, welcher Typ ist durch Herrn Jungmann repräsentiert?

> Herr Meis ist offensichtlich stärker ein Analytiker mit Macheranteilen. Er legt sehr großen Wert auf ein sauberes, strukturiertes Arbeiten und das präzise Einhalten von Vorgaben. Er empfindet es als wichtig, technische Fragestellungen detailliert und vertieft zu diskutieren und regt sich darüber auf, wenn Herr Jungmann Dinge vertagen oder Probleme dann erst spontan lösen möchte, wenn sie auftauchen. Herr Jungmann hingegen erscheint durch seine Kontaktfreude und zum Teil unstrukturierte Arbeitsweise stärker dem expressiven Typ zu entsprechen. Es fällt ihm leicht, auf andere zuzugehen, und er stellt sich selber gerne dar. Wird er, wie z. B. von Herrn Meis, in der Projektbesprechung häufiger unterbrochen, reagiert er persönlich gekränkt und beleidigt. Wie könnte Herr Meis Herrn Jungmann gezielter einbinden?
> Als erstes sollte Herr Meis sich darüber im Klaren sein, dass Herr Jungmann in seiner für ihn zum Teil etwas unbeschwerten Art keinesfalls schlechte Absichten in Bezug auf das Projekt verbindet, sondern er Dinge, wie detaillierte Vorgehensweisen oder ausgesprochene Pünktlichkeit, einfach als nicht so wichtig betrachtet. Dadurch, dass Herr Meis Herrn Jungmann bei seinen Ausführungen öfter unterbricht oder abbricht, provoziert er

bei diesem natürlich ein persönliches Beleidigtsein bzw. die Tendenz, sich an anderer Stelle noch mehr Raum zu nehmen. Wichtig wäre hier, dass Herr Meis die Leistungen von Herrn Jungmann persönlich anerkennt und ihn auch einmal im Beisein der anderen Projektmitglieder für seine Leistung lobt. Damit könnte er Herrn Jungmanns Drang, seine eigenen Ideen und Leistungen darstellen zu müssen, etwas bremsen. Wenn er ihn unterbricht, sollte er darauf achten, dass er dies auf eine persönlich wertschätzende Art und Weise macht, indem er z. B. darauf hinweist, dass in seinen Ausführungen einige wichtige Punkte sind, er jedoch bitte noch einmal auf die eigentliche Fragestellung zurückkommen möchte.
Auch könnte Herr Meis sich die persönlich guten Kontakte von Herrn Jungmann stärker zunutze machen, indem er gemeinsam mit diesem darüber spricht, wie intern relevante Entscheider stärker für die Ideen der Projektgruppe gewonnen werden können. Eine Aufgabe für das interne Marketing, an der Herr Jungmann sicherlich Freude hätte. Allerdings gibt es vermutlich auch Verhaltensweisen von Herrn Jungmann, die Herr Meis so nicht tolerieren möchte, wie z. B. eine mangelnde Vorbereitung von Projektmeetings. Für diese Themenbereiche sollte Herr Meis seinem Teammitglied ein klares Feedback geben und versuchen, sein Arbeitsverhalten, wenn auch nicht seine Persönlichkeit, kurzfristig, zumindest für die Dauer der Zusammenarbeit zu verändern (Hinweise dazu finden Sie in Kapitel 3 und 4).

1.7 Welche Teamzusammensetzung ist die beste, und wie schaffen Sie ein erfolgreiches Zusammenspiel?

Welche Teamzusammensetzung der unterschiedlichen Mitarbeitertypen wäre am Besten? Wenn Sie die einzelnen Charakterisierungen betrachten, werden Sie schnell bemerken, dass eigentlich jede der unterschiedlichen Verhaltensweisen und Stärken in der einen oder anderen Form gebraucht wird. Allerdings gibt es unterschiedliche Aufgabenbereiche und Projekte, bei denen einzelne Stärken mehr oder weniger im Vordergrund stehen. So sind selbstverständlich in einem anspruchsvollen Softwareentwicklungs-Projekt mehr Analytiker als expressive Mitarbeiter gefragt und bei der kreativen Entwicklung einer Marketingidee braucht es sicherlich mehr expressive als analytisch-orientierte Teammitglieder. Entsprechend sollte Ihr Team im optimalen Fall entsprechend der inhaltlichen, thematischen Notwendigkeiten Ihres Verantwortungsbereiches aufgebaut und zusammengestellt sein.

Wenn es also in den meisten Fällen erfolgreich ist, unterschiedliche Stärken und Talente zusammenzubringen, stellt sich die Frage, wie Sie es schaffen können, dass die heterogene Mischung von Mitarbeitern nicht zu einer unkontrollierten Explosion wird, sondern dazu führt, dass man sich gegenseitig unterstützt, Stärken nutzt und Schwächen kompensiert und so ein optimales Gesamtergebnis erreicht. Es ist schnell passiert, dass z. B. der Analytiker über den Expressiven denkt, dass dieser ein „Spinner“ mit verrückten Ideen sei, mit dem man nicht über Fakten reden kann. Umgekehrt bedarf es nicht viel, dass der Expressive über den Analytiker denkt, dass es sich dabei um einen „verstaubten Erbsenzähler“ handelt, der alle Dinge viel zu ernst, viel zu genau und viel zu wichtig nimmt.

Sollte diese gegenseitige Sichtweise eintreten, ist es abzusehen, dass es bald Ärger und Auseinandersetzungen im Team gibt. Aber was ist der Schlüssel dazu, dass unterschiedliche Charaktere erfolgreich zusammen arbeiten? Der Schlüssel heißt: Gegenseitige Wertschätzung! Um ein heterogenes Mitarbeiterteam auf ein gemeinsames Ziel hin auszurichten und zu einer erfolgreichen und konstruktiven Zusammenarbeit zu bewegen, ist es wichtig, dass alle Mitglieder sich ihrer Unterschiedlichkeit bewusst sind und den jeweils unterschiedlichen Beitrag zum gemeinsamen Projekterfolg wertschätzen.

Das wesentliche Element, um diese Wertschätzung als nicht disziplinarischer Teamleiter zu erreichen, ist es, diese Wertschätzung vorzuleben. Achten Sie zunächst einmal darauf, inwieweit Sie selber gleichermaßen wertschätzend mit den unterschiedlichen Typen umgehen, auch wenn diese Charaktere repräsentieren, die nicht Ihrem eigenen entsprechen. Zeigen Sie auch im Umgang mit entgegengesetzten Persönlichkeiten Wertschätzung, oder erwischen Sie sich dabei, dass Sie bei Aussagen einzelner Teammitglieder für alle sichtbar mit den Augen rollen, sich in Gegenwart anderer über einzelne wegen ihrer Eigenschaften aufregen oder unterschiedliche Teammitglieder bevorzugen, weil sie Ihnen ähnlicher sind?

Arbeiten Sie als Vorbild aktiv an Ihrer Wertschätzung in ihrem Team und zeigen Sie allen Teammitgliedern, dass Sie sie sehr wohl für ihre Individualität und ihre persönlichen Stärken wertschätzen. Stellen Sie sich z. B. bei gegenseitigen persönlichen Angriffen in einer Besprechung vor einzelne Mitarbeiter und verweisen Sie darauf, dass jeder seinen persönlichen Beitrag leistet und alle gleichermaßen gebraucht werden. Sprechen Sie vor allem im Zweiergespräch mit einzelnen Teammitgliedern positiv über andere Teammitglieder und versuchen Sie, bei Problemen im Umgang Verständnis zu schaffen. So können Sie z. B. in einem persönlichen Gespräch mit dem Macher durchaus darauf hinweisen, dass der beständige/integrative Kollege vielleicht einerseits weniger die Herausforderung sucht und Risiken ablehnt, auf der anderen Seite jedoch persönlich sehr zuverlässig ist und vielleicht Routineaufgaben erledigt, die er als Macher dann nicht mehr übernehmen muss. Machen Sie in Gesprächen durchaus auch deutlich, welche besondere Rolle Sie einzelnen Teammitgliedern gemäß ihrer persönlichen Talente stärker angedeihen lassen wollen.

Neben diesem persönlichen Vorleben von Wertschätzung und dem argumentativen Schaffen von gegenseitigem Verständnis helfen dabei natürlich auch alle anderen Maßnahmen der Teamentwicklung, die dazu geeignet sind, Kollegen besser kennen zu lernen und persönlich wertzuschätzen. So empfiehlt es sich z. B., typische Team-Events stärker aktiv zu gestalten und so aufzubauen, dass unterschiedliche Mitarbeiter sich einmal in einer anderen Situation erleben, um ein besseres persönliches Verständnis des jeweils anderen zu erlangen. Es empfiehlt sich nicht, zur Teamentwicklung gemeinsam sehr förmlich essen zu gehen und an einem langen Tisch zu sitzen, bei dem ohnehin die Mitarbeiter und Mitarbeiterinnen nebeneinander sitzen, die den persönlich besten Kontakt pflegen.

1. Gegenseitiges Kennenlernen

- Persönliche und fachliche Hintergründe
- Erfahrungen und Qualifikationen für das Team/Projekt

2. Ziels des Teams/Projektes

- Aufgabenverteilung
- Ressourcen
- Hintergründe und übergeordnete Zusammenhänge
- Kommunikation (Meetings, gemeinsamer Server usw.)
- Wo liegen die Chancen für die Team-/Projektmitglieder?

- Zu allen Punkten:
- Was ist schon definiert?
- Was ist sofort im Team definierbar?
- Was muss noch an anderer Stelle geklärt werden?

3. Gestaltung der Zusammenarbeit

- Spielregeln für den Umgang miteinander
- Was verspricht sich der Einzelne (z. B. an Lernerfahrungen)?
- Gegenseitige Erwartungen aneinander

Abbildung 2: Agenda für einen Teamstart-Workshop

Sorgen Sie stattdessen lieber dafür, dass unterschiedliche Charaktere gemeinsam in einer Gruppe sind, zusammen an Themen arbeiten und sich persönlich kennen lernen. Ziel ist dabei nicht, dass alle Kollegen danach befreundet sind, sondern dass man den anderen differenzierter sieht und ein besseres Verständnis für unterschiedliche Grundorientierungen und die damit verbundenen Arbeitsweisen erhält. Sie legen damit den Grundstein, dass ein heterogenes, gemischtes Team kein „Käfig voller Narren“ wird, sondern ein professionelles „Dream Team“, bei dem sich Individualisten perfekt ergänzen und professionell zusammenspielen.

Vor allem in der Projektleitung oder wenn Sie ein neues Team übernehmen, empfiehlt es sich einen Teamstart-Workshop zu machen. Dabei sollte neben inhaltlichen Klärungen und Abstimmungen auch Raum für ein persönliches Kennenlernen sein. Hier kann z. B. unter Moderation eines Teamtrainers ein Austausch über die gegenseitigen Erwartungen im Projekt oder dem neuen Team erfolgen. Auch ein Kennenlernen, bei dem jeder Kollege darüber berichtet, was er im Umgang mit Kollegen sehr schätzt und worauf er „allergisch“ reagiert, kann eine gute Basis zur verständnisvollen Zusammenarbeit legen. In Abbildung 2 finden Sie eine exemplarische Agenda für einen Teamstart-Workshop.

1.8 Welche Einsatzmöglichkeiten und Chancen ergeben sich noch aus den unterschiedlichen Teamtypen?

Wenn Sie die verschiedenen Typen nicht nur aus der Perspektive Ihrer Teammitglieder sehen, haben Sie selbstverständlich gleichzeitig Ideen, wie Sie unterschiedliche Gesprächspartner, die Ihnen z. B. als Kunden, Führungskräfte, Berater oder in anderen Rollen begegnen, gezielter ansprechen und einbinden können. Überlegen Sie z. B. einmal, welcher Typ Ihr persönlicher Vorgesetzter eher ist und was Sie im Umgang mit ihm vielleicht in der Vergangenheit schon richtig gemacht haben und was Sie noch stärker beachten könnten.

Fragen Sie sich einmal, wie Ihr unmittelbarer Vorgesetzter ist, worauf er Wert legt und welche Art von Verhaltensweisen er von Ihnen besonders stark erwartet. Fragen Sie sich auch, an welchen Stellen und wie weit Sie sich seinen Vorstellungen annähern und darauf einstellen können und wollen und wo für Sie persönlich eine Grenze erreicht wird. Dies kann Ihnen helfen, sich einerseits klarer gegenüber Ihrem direkten Vorgesetzten zu positionieren und andererseits weitere Ideen zu bekommen, wie Sie Einfluss auf diesen ausüben können. Auch hilft es Ihnen vielleicht, Verständnis für die eine oder andere Verhaltensweise zu erlangen, auf die Sie bisher vielleicht eher mit Kopfschütteln oder Enttäuschung reagiert haben.

Fragen Sie sich auch, welche Verhaltens- oder Führungsdefizite und Schwierigkeiten Sie vielleicht bei Ihrer direkten Führungskraft sehen und wie Sie persönlich als Mitarbeiter dazu beitragen können, diese zu kompensieren, damit daraus keine unüberwindbaren Hürden für den Gesamterfolg entstehen.

Neben diesem generell verbesserten Umgang mit anderen Menschen können Ihnen Ihre Überlegungen zu Ihrer eigenen Grundeinstellung und Charakterorientierung auch dazu helfen, Ihre eigene Arbeit und Ihre persönlichen Neigungen und Werthaltungen noch besser in Einklang zu bringen. Erst wenn Sie sich über Ihre Stärken bewusst sind und darüber, welche Art von Aufgaben Ihnen besonders liegen, können Sie gezielt daran arbeiten, eine optimale Passung zwischen Ihren Interessen und Neigungen und Ihren Aufgaben zu erlangen. Wenn Sie wirklich herausragende Leistungen erbringen wollen, empfehlen wir Ihnen, sich mit Aufgaben zu beschäftigen, für die Sie wirklich Talent haben und bei denen Sie Ihre eigenen Stärken und Begabungen optimal nutzbringend einsetzen können. Auf Dauer sind Sie sicher erfolgreicher, wenn Sie Ihre Stärken nutzen, als wenn Sie permanent versuchen, an vermeintlichen Schwächen zu arbeiten und dabei vernachlässigen, Ihre vorhandenen Energien zu entfesseln.

Persönlichkeitsfragebogen

Tragen Sie für jede Aussage die Kennzahl in das zugehörige Kästchen ein, die nach Ihrer momentanen Einschätzung zutrifft.

Die Aussage trifft auf mich zu:	voll	=	4
	ziemlich	=	3
	etwas	=	2
	kaum	=	1
	nicht	=	0

1. Es fällt mir leicht, auf fremde Menschen zuzugehen. ☐
2. Es fällt mir leicht, andere für mich zu gewinnen. ☐
3. Manchmal denke ich, ich lasse mir zu viel gefallen. ☐
4. Ich denke öfter, dass andere Menschen zu emotional reagieren. ☐
5. Ich begegne Neuem grundsätzlich aufgeschlossen. ☐
6. Ich bewundere sehr charismatische Persönlichkeiten. ☐
7. Ich bin häufig im Hintergrund aktiv. ☐
8. Ich bewahre auch in schwierigen Situationen einen kühlen Kopf. ☐
9. Ich beteilige mich gerne an Diskussionen. ☐
10. Ich schätze es, wenn Kollegen mit ihren Problemen zu mir kommen. ☐
11. Meine Gewohnheiten sind mir wichtig. ☐
12. Meine Probleme gehen die Kollegen nichts an. ☐
13. Es macht mir nichts aus Risiken einzugehen. ☐
14. Mir ist es wichtig, dass ich Kollegen ehrlich sagen kann, was ich denke. ☐
15. Ich stehe nicht gerne im Mittelpunkt. ☐
16. Ich lasse mich nicht durch meine Gefühle leiten. ☐
17. Ich brauche Abwechslung. ☐
18. Ich vermisse zuweilen die Menschlichkeit im Berufsleben. ☐

19. Mein Umfeld erlebt mich als ruhigen Kollegen und Mitarbeiter. ☐

20. Ich versuche häufig herauszufinden, was Andere mit ihrem Verhalten bezwecken wollen. ☐

21. Ich habe oft neue Ideen. ☐

22. Mir ist es wichtig, was andere von mir denken. ☐

23. Ich kann mich auch gut Meinungen und Plänen von Kollegen anschließen. ☐

24. Ich treffe Entscheidungen aufgrund rationaler Abwägungen, weniger aufgrund von Bauchgefühlen. ☐

25. Ich bewerte Stillstand als Rückschritt. ☐

26. Ein gutes Team tröstet über andere Schwierigkeiten im Job hinweg. ☐

27. Ich erlebe häufige Veränderungen in meinem Arbeitsumfeld als negativ. ☐

28. Ich kann sehr gut alleine arbeiten. ☐

29. Ich ärgere mich häufig über Bürokratie und Regeln. ☐

30. Ich habe zu Kollegen auch ein persönliches Verhältnis. ☐

31. Ich bin recht genügsam. ☐

32. Ich hinterfrage Dinge sehr genau. ☐

33. Es ist mir wichtig viele Dinge aktiv zu bewegen und voranzutreiben. ☐

34. Die Akzeptanz und Anerkennung von meinem Vorgesetzen und Kunden sind für mich wichtiger als Ergebnisse in Form von Zahlen. ☐

35. Bei der Wahl meines Arbeitsplatzes spielt Sicherheit ein bedeutende Rolle. ☐

36. Ich denke häufig, meine Kollegen „stellen sich zu sehr an“. ☐

37. Ich bin im Vergleich zu anderen Kollegen recht bekannt im Unternehmen. ☐

38. Meine jeweilige Stimmung hat großen Einfluss auf meinen täglichen Erfolg im Job. ☐

39. Zuverlässigkeit und Gewissenhaftigkeit sind mir wichtig. ☐

40. Mich überzeugen vor allem Fakten. ☐

Tragen Sie bitte die Punktzahl der jeweiligen Fragen ein und addieren sie.

extravertiert	emotional	introvertiert	rational
1	2	3	4
5	6	7	8
9	10	11	12
13	14	15	16
17	18	19	20
21	22	23	24
25	26	27	28
29	30	31	32
33	34	35	36
37	38	39	40
Summe	**Summe**	**Summe**	**Summe**

Tragen Sie nun zunächst die Summenwerte auf den jeweiligen Achsen des Diagramms ein. Verbinden Sie dann die eingetragenen Punkte miteinander, so dass Sie ein Viereck erhalten.

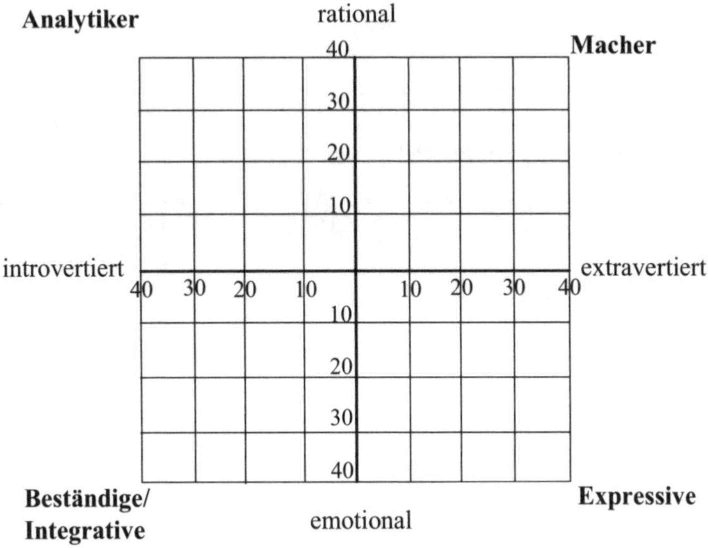

Anhand der Größe der Fläche innerhalb der vier Teilquadrate können Sie nun Ihren Typenschwerpunkt bestimmen.

Herausforderung 2: Mitarbeiter motivieren und gewinnen ohne disziplinarische Anreize oder Druckmittel

2.1 Worin besteht die Herausforderung in der Motivation?

Sie möchten Ihre Mitarbeiter und Kollegen motivieren und verfügen im Gegensatz zu einem disziplinarischen Vorgesetzen nicht über Anreize oder Druckmittel. Selbst bei herausragenden Ergebnissen können Sie beispielsweise nicht Gehaltserhöhungen in Aussicht stellen oder dem Mitarbeiter oder Kollegen im Falle einer mangelhaften Leistung Konsequenzen androhen. Im Gegenteil, oft sitzt der direkte Vorgesetzte am längeren Hebel und trägt dazu bei, dass Ihr Mitarbeiter oder Kollege Ihre Anliegen in der Prioritätenliste nach hinten rückt. Dies führt dazu, dass Sie Arbeitergebnisse nicht in der erforderlichen Qualität oder fristgerecht erhalten. Ein Zustand, mit dem Sie sich nicht zufrieden geben können und wollen.

Das folgende Kapitel zeigt auf, wie viel Motivation Sie erreichen können und zwar ohne disziplinarische Mittel. Es stellt Ihnen Wege vor, wie Sie andere motivieren können, wenn Ihnen keine disziplinarischen Druckmittel oder Anreize zur Verfügung stehen. Sie erfahren, wann Sie an die Grenzen Ihrer persönlichen Motivationsmöglichkeiten kommen und wie Sie sich ggf. Verstärkung holen, um Ihre Aufgaben zum Erfolg zu führen.

2.2 Erarbeiten realistischer Motivationsziele

Stellen Sie sich folgende Situation vor: Ein Hoteldirektor möchte seine Zimmermädchen motivieren. Dazu hält er vor Ihnen folgende „Motivationsrede“: „Sie sind die besten Mitarbeiter in diesem Unternehmen. Ohne Sie würden die Gäste sich bei uns nicht wohl fühlen und uns immer wieder besuchen! Ihr Job ist somit der wichtigste und herausforderndste, den man sich vorstellen kann! Sie können stolz darauf sein, Ihre Aufgaben tagtäglich für unser Unternehmen ausführen zu können!“ Eines der Zimmermädchen fragt daraufhin: „Wenn unser Job so toll ist, warum machen Sie ihn dann nicht selbst?“

Genau wie der Hoteldirektor haben viele Führungskräfte eine wenig präzise Vorstellung davon, welche Zielsetzung sie eigentlich verfolgen, wenn sie ihre Mitarbeiter motivieren möchten. Sie stecken sich hohe Ziele, wollen ihre Mitarbeiter für alles begeistern und ernten dadurch oft ungewünschte Reaktionen.

Himmelhoch jauchzend – zu Tode betrübt

Was wollen Sie eigentlich erreichen, wenn Sie von Motivation sprechen? Geht es Ihnen darum, dass Sie Defizite in der Leistung der Mitarbeiter beheben wollen, d. h. die Qualität und/oder die Termintreue bei den Aufgaben entsprechen nicht den definierten Anforderungen? Natürlich kann eine mangelnde Motivation Ursache dafür sein, dass die Leistung nicht stimmt. Kann – muss aber nicht! Mangelnde Ergebnisse sind auch häufig auf mangelndes Wissen oder Können zurückzuführen. Wir gehen aber mal davon aus, dass es tatsächlich an der Motivation Ihrer Mitarbeiter hapert. Die Stimmung passt nicht, die Einstellung, die „Motivation“ eben. Aber wie viel Motivation brauchen Sie wirklich und wie viel Motivation für Ihr Anliegen ist überhaupt realistisch?

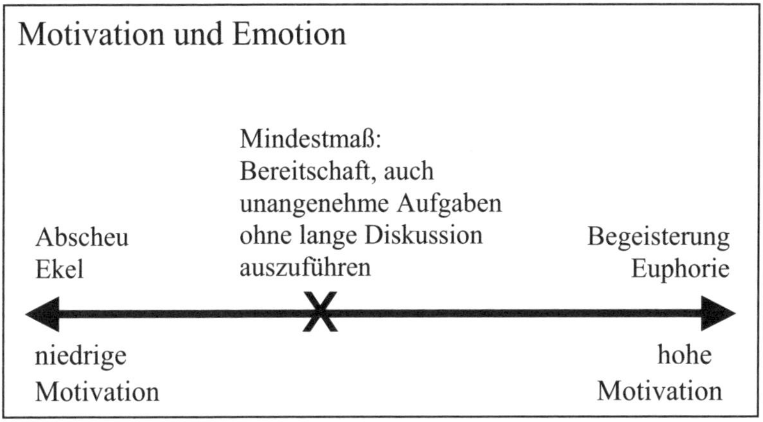

Abbildung 3: Motivation und Emotion

Motivation drückt sich in unterschiedlichen Emotionen aus. Hierbei kann man sich zwei Extremausprägungen vorstellen. Auf der linken Seite des Kontinuums ist äußerst negativ ausgeprägte Motivation abgebildet. Wenn eine Person äußerst unmotiviert ist, etwas zu tun, drückt sich dies in Emotionen wie Abscheu oder gar Ekel aus. Auf der rechten Seite ist die Form der Motivation abgebildet, die der Hoteldirektor bei seinen Angestellten zu erreichen versuchte: Begeisterung oder Euphorie. Das Mindestmaß, da in der Mitte des Spektrums: Akzeptanz.

Begeisterung – ein realistisches Ziel?

Viele Führungskräfte stellen an sich den Anspruch, ihre Mitarbeiter sollen richtig motiviert sein! Einfach nur die übertragenen Aufgaben ausführen, ist nicht genug. Es wäre schön, wenn die Mitarbeiter mit Leidenschaft zu Gange sind.

Wenn es Ihnen genauso geht, dann übersehen Sie dabei, dass viele der Aufgaben, die Sie an andere delegieren, nicht per se dafür geeignet sind, echte Begeisterung oder gar Euphorie hervorzurufen. Es ist nun mal nicht spannend, jemandem Daten zu liefern, Präsentationen zu erstellen oder Excel-Listen auszufüllen. Welche Zielsetzung im

Hinblick auf die Motivation ist also realistisch? Was möchten Sie erreichen, wenn Sie andere „motivieren“ wollen? Was Ihnen vielleicht ausreicht, ist bei Ihren Mitarbeitern die Bereitschaft zu erzeugen, auch unangenehme Aufgaben auszuführen. Ein hoch gestecktes Ziel ist es, dass Ihre Mitarbeiter bei ihrer Aufgabe auch noch „singen oder jubeln.“ Meist reicht es vollkommen, wenn die Mitarbeiter einfach tun, was notwendig ist. Und zwar ohne lange Diskussion oder mühselige Debatten.

Motivationskiller Nummer 1 – der eigene Anspruch der Führungskraft!

Das ist Ihnen nicht genug? Sie sehen sich verantwortlich für eine gute Stimmung im Team? Sie möchten „echte“ Begeisterung erzielen? Eventuell wird dieser Anspruch auch von Ihrem Vorgesetzten an Sie herangetragen. Es reicht nicht, dass Aufgaben zeitgerecht erfüllt werden, sondern die Mitarbeiter sollen dabei auch „richtig motiviert“ sein. Dieser Zustand mag wünschenswerter sein, fraglich ist jedoch, ob dies allein in Ihrer Verantwortung und in Ihrem Einflussbereich liegt. Sie können sicherlich etwas dazu beitragen, dass die Motivation Ihrer Mitarbeiter einen gewissen Level nicht unterschreitet.

Folgende Faktoren stehen dabei in Ihrem Einflussbereich:

- Ihre positive Beziehung zu Ihren Teammitgliedern
- Anerkennung von Leistung durch Lob
- Gestaltung einer angenehmen Arbeitsatmosphäre
- Übertragen von Verantwortung
- Delegation von interessanten Aufgaben
- Gestalten von Rahmenbedingungen durch Einflussnahme auf Dritte (z. B. Bereitstellung von Ressourcen)
- Druck von außen abfedern

Wenn Sie diese Faktoren, so weit es geht, berücksichtigen, führt dies sicherlich dazu, dass Ihre Mitarbeiter eine prinzipielle Bereitschaft haben, ihre Aufgaben zu erledigen. Ob sie dies jedoch mit Begeisterung und hohem Engagement tun, hat häufig sehr viel mehr mit den Mitarbeitern an sich zu tun als mit Ihnen.

Vom Drückeberger zum Überzeugungstäter?

Jeder Mitarbeiter kommt mit einer bestimmten Einstellung zur Arbeit. Der eine betrachtet seine Tätigkeit als Berufung, der andere als Mittel zum Zweck. In Abhängigkeit von der Grundhaltung, mit der Ihre Mitarbeiter der Tätigkeit begegnen, können sie unterschiedlich weit auf dem Motivationskontinuum kommen.

Folgende Einstellungen finden sich immer wieder und stellen unterschiedliche Motivationsaufgaben an Sie:

Der „Drückeberger"

Der Drückeberger zeichnet sich dadurch aus, dass er anspruchsvolle und aufwändige Aufgaben so weit wie möglich vermeidet. Er ist in hohem Maß unmotiviert. Termine hält er nicht immer ein. Wenn er auffällt, dann eher durch Nörgeln und Sarkasmus und nicht durch brillante Arbeitsergebnisse. Hier ein Praxisbeispiel:

> Ein Berater war als Teamleiter im Rahmen einer umfangreichen SAP-Einführung in einer Behörde eingesetzt. Im Team befand sich ein Mitarbeiter des Kunden, der stets pünktlich zur Arbeit erschien. Er stempelte morgens zum frühestmöglichen Zeitpunkt um 6:36 Uhr ein. Die Zeit bis 8:30 Uhr, wenn der Rest des Teams und auch der Berater erschien, verbrachte er mit Nichtstun. Der Berater sah sich berufen, ein Motivationsgespräch mit dem Mitarbeiter zu führen. Nach einigen Sätzen winkte der Mitarbeiter ab. „Wissen Sie, wir werden hier ja nach BAT bezahlt! Das funktioniert so: je älter Du bist und je länger Du dabei bist, desto höher ist Dein Gehalt. Daher ist es ja wohl

sinnvoll, dass man sich nicht tot arbeitet. Nur dann hat man nämlich Chancen, das hohe Gehalt tatsächlich zu erleben!" Dem Berater blieb seine Motivationsrede im Halse stecken. Er setzte sich seit diesem Gespräch lediglich das Ziel, den Mitarbeiter dahingehend zu motivieren, dass dieser seine Aufgaben im Projekt akzeptiert und erledigt – und das war bereits äußerst herausfordernd!

Es handelt sich bei diesem Beispiel sicherlich um eine extreme Variante des Drückebergers. Leider sieht man sich mit diesen häufig in Projekten konfrontiert, nämlich dann, wenn Vorgesetzte aufgefordert werden, Ressourcen zur Verfügung zu stellen, das Projekt aber nicht für so wichtig halten, dass sie ihre besten Mitarbeiter dafür freigeben wollen. So schieben sie dann die Mitarbeiter ab, die sie am leichtesten entbehren können und dafür ist der Drückeberger selbstverständlich prädestiniert.

Was liegt hinter der niedrigen Motivation des Drückebergers? Es ist nicht pure Faulheit. Manchen Mitarbeitern ist das Entfalten der eigenen Persönlichkeit im Beruf weniger ein Anliegen. Für diese besteht der hauptsächliche Sinn der Arbeit darin, Geld zu verdienen, um das Privatleben zu finanzieren. Sie gehen gar nicht mit dem Anspruch zur Arbeit, dort mit Begeisterung und Engagement ihrer Tätigkeit nachzugehen. Im Extremfall versuchen sie vor allem, sich im Arbeitsalltag nicht zu verausgaben. Häufig handelt es sich hierbei um Personen, die im privaten Bereich stark engagiert sind. Es ist eher unwahrscheinlich, dass es Ihnen gelingen kann, bei diesen Mitarbeitern eine echte Begeisterung gegenüber der eigenen Tätigkeit hervorzurufen. Bei derartigen Mitarbeitern ist die Zielsetzung, sie mögen ihre Aufgaben pünktlich und in der erforderlichen Qualität erledigen, deutlich realistischer als großes Engagement, Initiative und eigenverantwortliches Arbeiten zu erreichen.

Wenn Sie sich mit einem Drückeberger konfrontiert sehen, ist es ratsam, dass Sie Ihre Ansprüche in punkto Motivation herunterschrauben. Bevor Sie versuchen, eine fundamentale Einstellungsänderung anzugehen, machen Sie sich klar, ob sich der Aufwand lohnt!

Der „Entspannte“

Der Entspannte übernimmt unangenehme Aufgaben, ohne groß zu murren, befindet sich damit also in der Mitte des Motivationskontinuums. Er erledigt seine Aufgaben gut und gibt eigentlich keinen Anlass zur Klage. Oft sind diese Mitarbeiter erfahren und kompetent. Sie setzen sich aber nicht über das erforderliche Maß hinaus ein. Gleichzeitig vermuten Sie, dass der „Entspannte“, würde er sich etwas mehr anstrengen, zu „mehr“ fähig wäre. Es folgt ein Beispiel für einen „Entspannten“:

> Herr Maiz ist Sachbearbeiter und vertritt seinen Abteilungsleiter seit einigen Wochen, da dieser im Urlaub ist. Er ärgert sich seither über seinen Kollegen Herrn Merck. Es geht momentan hoch her im Team, viele der Kollegen schieben Überstunden um ihr Soll zu erfüllen. Nur Herr Merck geht jeden Tag pünktlich nach Hause, nachdem er seine Aufgaben erledigt hat. Rein sachlich ist ihm kein Vorwurf zu machen, jedoch wünscht sich Herr Maiz, dass sein Kollege mehr Teamgeist zeigt. Er könnte doch leicht seine eigene Taktzahl erhöhen und dann noch bei seinen Kollegen mit anpacken. Als Herr Maiz Herrn Merck darauf anspricht, reagiert dieser brüskiert: „Warum soll gerade ich mehr bringen? Ich leiste doch schon mehr als die anderen! Konzentrieren Sie sich mit Ihrer Kritik mal auf diejenigen, die bei 80 Prozent liegen und nicht auf die, die bereits 100 Prozent leisten! Und außerdem, von Ihnen lasse ich mir nichts sagen, Sie sind ja nicht mein Chef.“

Die Versuchung ist groß, aus den Entspannten noch mehr herausholen zu wollen. Mitarbeiter, die häufig die soliden Leistungsträger sind, sollten doch ihr Wissen auf andere übertragen und sich besonders im Team oder im Projekt engagieren. Es ist nur zu gut nachvollziehbar, dass mehr Leistung erstrebenswert erscheint, gerade wenn Sie wissen, dass dies für den Mitarbeiter bei nur ein bisschen mehr Motivation ein Kinderspiel wäre. Wenn sich dieser Mitarbeiter jedoch eher am Ende seiner beruflichen Laufbahn befindet oder gar kurz vor dem Ruhestand steht, entspricht dies nicht zwangsläufig seiner eigenen Motivation. Doch auch bei Mitarbeitern, die in der vollen Blüte ihres Arbeitslebens stehen, ist Vorsicht geboten. Von dem disziplinarischen Vorgesetzten würde ein Versuch in Richtung Motivationssteigerung vielleicht akzeptiert, wenn auch Zähne knirschend. Wird dies von jemand anderem unternommen, können sich Motivationsaktivitäten kontraproduktiv auswirken, wie dies im obigen Beispiel der Fall war.

Fragen Sie sich dabei, ob sich der Aufwand, den Sie für eine Motivationssteigerung betreiben, und Ihre dabei investierte Kraft effizient eingesetzt sind. Oder birgt der Motivationsversuch nicht mehr Chancen als Risiken? Wenn dem Ihrer Meinung nach so ist, dann geben Sie sich doch einfach mit der „Standard-Leistung“ zufrieden und freuen Sie sich darüber, dass Sie diese erhalten. Ihre Motivationsarbeit besteht dann in folgendem: Schaffen Sie Rahmenbedingungen, unter denen der Entspannte seine Aufgaben erfolgreich bearbeiten kann und verschwenden Sie nicht Ihre Energie darauf, ihn zu einem „Mehr“ zu motivieren.

Der „Überzeugungstäter“

Der Überzeugungstäter ist rechts auf dem Motivationskontinuum einzuordnen. Er steht selbst für unangenehme Aufgaben gerne zur Verfügung. Insgesamt ist er engagiert und hochgradig motiviert. Es handelt sich dabei um Mitarbeiter, die sich gezielt Tätigkeiten suchen, die ein hohes Maß an Überzeugung und Engagement erfordern. Beispiele hierfür finden sich häufig im Vertrieb oder in für das Unternehmen bedeutenden Projekten. Diese Mitarbeiter begnügen sich nicht damit, acht Stunden täglich im Büro abzusitzen. Sie wollen sich mit Leidenschaft einer Aufgabe hingeben. Diese Grundhaltung gegenüber der eigenen Tätigkeit ist mit sehr hoher Wahrscheinlichkeit nicht von außen hervorgerufen. Die eigene Tätigkeit als Berufung zu sehen, ist vielmehr eine Frage der persönlichen Talente und Neigungen und wie weit sich diese mit den Aufgabeninhalten decken.

Wenn Sie mit derartigen Mitarbeitern gesegnet sind, herzlichen Glückwunsch! In diesem Fall sollte Ihr Ziel sein, dafür zu sorgen, dass die Motivation sich auf diesem Level hält. Auch das stellt in einem anstrengenden Tagesgeschäft oder einer Projektarbeit, bei der Ressourcen immer zu knapp sind, eine Herausforderung dar!

Achten Sie bei diesem Teammitglied vor allem darauf, ihn nicht zu demotivieren, in dem Sie ihn z. B.

- gar nicht beachten, weil es ja keine Probleme gibt.
- ungerecht behandeln, in dem Sie z. B. persönlich die Anerkennung für seine Leistung einstreichen.
- für Kleinigkeiten kritisieren, ohne auch angemessenes Lob auszusprechen.

Die Tabelle auf der nachfolgenden Seite fasst die wichtigsten Punkte auf einem Blick zusammen.

Bevor Sie mit der Motivationsarbeit beginnen, sollten Sie sicherstellen, dass Sie realistische Ziele verfolgen. Die nachfolgende Fragenliste gibt Ihnen Hilfestellung dabei. Fragenliste, bevor Sie Aktivitäten zur Motivationssteigerung beginnen:

- Was möchte ich ändern, die Qualität der Arbeit oder vor allem die Einstellung meiner Mitarbeiter?
- Wenn es um die Qualität der Arbeit geht, ist diese durch eine Motivationssteigerung tatsächlich zu verbessern, oder liegt es nicht vor allem an mangelndem Wissen oder Können?
- Welche Einstellung zur Tätigkeit findet sich bei meinen Mitarbeitern wieder?
- Welche davon ärgert mich am meisten, die der Drückeberger oder die Einstellung derer, die „nur" ihre Aufgaben vernünftig machen?
- Verfüge ich über eine realistische Einstellung, was die Motivationssteigerung angeht?
- In welchem Verhältnis stehen Kosten und Nutzen bei der Arbeit an der Einstellungsänderung? Lohnt sich das?

Erst wenn Sie obige Fragen beantwortet haben und sich sicher sind, dass der Einsatz sich lohnt, sollten Sie mit Ihrer Motivationsarbeit beginnen!

Typ	**Drückeberger**	**Entspannter**	**Überzeugungstäter**
Kenn-zeichen	niedrige Motivation	mittlere Motivation	hohe Motivation
	niedrige Arbeitsqualität	gute Arbeitsqualität v.a. basierend auf Erfahrung, Kompe-tenz	hohe Arbeitsqualität v.a. basierend auf außergewöhnlichem Engagement
	geringe Termintreue	hohe Termintreue	hohe Termintreue
	vermeidet anstren-gende und heraus-fordernde Aufgaben	erfüllt sein Soll, engagiert sich nicht darüber hinaus	engagiert sich über das normale Maß hinaus
	kritisiert häufig, sarkastisch	lässt sich wenig sagen; ist sich sei-ner Kompetenz bewusst	ist offen für Kritik, fordert aufgrund seiner Leistung oft mehr
Zielset-zung	erforderliche Ar-beitsqualität und Termintreue sicher stellen	Kompetenz weiter geben an andere, weiterhin zuverläs-sige Arbeitsqualität	Motivation auf dem Level aufrecht erhalten

Checkliste 1: Typische Grundhaltungen und entsprechende Zielsetzungen

2.3 Mitarbeiter gezielt gewinnen und motivieren

Nachdem Sie für sich geklärt haben, welches Ausmaß an Motivation bei Ihren Mitarbeitern und Kollegen realistisch erreichbar ist, sind Ihre Motivationskünste gefordert. Spätestens aktiv werden müssen Sie, wenn ein Mindestmaß an Motivation bei Ihren Mitarbeitern oder Kollegen unterschritten ist. Dies äußert sich entweder in mühseligen Diskussionen bei jeder Form der Delegation oder darin, dass Aufgaben einfach nicht erledigt werden.

In Abbildung 4 sehen Sie das Modell, das Ihnen fünf Wege vorstellt, die Sie beschreiten können, um Mitarbeiter zu gewinnen und zu motivieren.

Sie sollten dabei stets mit Stufe eins beginnen. Falls diese Vorgehensweise Sie nicht zum Ziel führt, sollten Sie die nächste Stufe beschreiten. Auf allen fünf Stufen können Sie etwas bewegen, auch wenn Ihnen disziplinarische Druckmittel nicht zur Verfügung stehen. Besonders wirkungsvoll ist die Stufe eins, gerade wenn Sie über keine disziplinarischen Mittel verfügen. Die höchste Stufe fünf beschreibt genau den Fall, bei dem Sie nur mit „Macht von oben" weiterkommen. Es wird im Folgenden erläutert, was Sie dabei beachten sollten.

Stufe 1: Motivation durch Sinnvermittlung

Wenn Sie andere dazu bewegen wollen, Aufgaben für Sie zu erledigen, ist der erste Weg, den Mitarbeitern zu vermitteln, dass das, was Sie von ihnen möchten, auch Sinn für sie macht. Die Mitarbeiter sollten verstehen, dass das Erfüllen der Aufgabe eigentlich in ihrem Sinn ist. Dies basiert auf dem Gedanken, dass Menschen gerne etwas

5 Wege, um Mitarbeiter zu motivieren und Ihnen zu folgen

Stufe 1: Motivation durch Sinnvermittlung
Verknüpfung der Aufgabe mit den Wünschen und Zielen des Mitarbeiters

Stufe 2: Deal
Anbieten einer Gegenleistung bei wunschgerechter Aufgabenerledigung.

Stufe 3: Qualität des gemeinsamen Wegs
Beziehungsangebot an den Mitarbeiter

Stufe 4: Einsicht und Pflicht
Appell an das Pflichtbewusstsein des Mitarbeiters

Stufe 5: Herrschaft
Eskalation, Einbeziehen des nächst höherenVorgesetzten

Abbildung 4: Fünf Wege, um Mitarbeiter zu motivieren und Ihnen zu folgen

tun, wenn sie davon überzeugt sind, dass diese Sache ihnen Spaß machen wird, Befriedigung bringt und sie ihre Talente und Neigungen voll einbringen können. Das heißt, wenn diese Sache ihrem inneren Drang entspricht. Dieser Grundgedanke ist sicherlich leicht nachvollziehbar. Was jedoch viele Führungskräfte in diesem Zusammenhang falsch machen, ist, dass sie sich sehr stark darauf konzentrieren, was in ihren Augen eine interessante Tätigkeit ist. Sie versetzen sich weniger in die Situation derjenigen, die für sie die Aufgaben ausführen sollen. Sie versuchen, Aufgaben auf eine Art und Weise interessant zu machen, die nicht unbedingt den Wünschen und Interessen ihres Gegenübers entspricht. Überlegen Sie sich daher zunächst:

- Was ist für mein Gegenüber von Interesse?
- Welche Ziele verfolgt er?
- Was ist für ihn wichtig?
- Woran hat er Spaß bei der Arbeit?
- Worauf legt er Wert in seiner Arbeit?

Danach stellen Sie eine Verbindung her zwischen den Wünschen und Interessen des Mitarbeiters und der zu delegierenden Aufgabe. Wenn Sie so vorgehen, können Sie Angebote offerieren, die tatsächlich „den Geschmack“ des anderen treffen.

> Beispiel:
> Herr Hölzemann ist Projektleiter bei einer EDV-Einführung. Verschiedene Mitarbeiter aus den Bereichen, die das System nutzen werden, sollen dabei Herrn Hölzemann zuarbeiten. Hierbei handelt es sich auch um Mitarbeiter, die Herrn Hölzemann hierarchisch überstellt sind. Nach kurzer Zeit rutscht das Projekt auf der Prioritätenliste der Mitarbeiter nach unten, wenn diese im Tagesgeschäft aktuelle Probleme zu lösen haben. Herr Hölzemann muss nun notwendigen Informationen, die er von seinen Projektmitarbeitern erhalten sollte, „hinterher

laufen." Sein Projekt gerät dadurch ins Stocken. Herr Hölzemann argumentiert gegenüber den Mitarbeitern immer wieder, dass das Projekt doch für das Unternehmen wichtig sei und dass die Mitarbeiter daher ihre Hausaufgaben machen müssen. Dies führt jedoch nicht zu den erwünschten Ergebnissen. Was kann Herr Hölzemann tun, um die Bereichsleiter zu motivieren?

Wie im vorherigen Kapitel dargestellt, werden verschiedene Persönlichkeiten durch unterschiedliche Motivatoren angesprochen. Übertragen auf die Motivation durch „inneren Drang" heißt dies:

- Für einen „Macher"
  ist es sicherlich attraktiver, sich einer Aufgabe zuzuwenden, von der er sich erhofft, dass er etwas bewegen und gestalten kann – eine Aufgabe, die z. B. seinem ausgeprägten Wunsch nach Macht und Bedeutung im Unternehmen entgegenkommt.

- Dem „Expressiven"
  erscheinen Aufgaben dann besonders attraktiv, wenn sie ihm eine Bühne bieten, auf der er sich darstellen und auf der er seine Individualität entfalten kann.

- Einen „Analytiker"
  motivieren vor allem Aufgaben, die inhaltlich spannend und herausfordernd sind.

- Der „Beständige/Integrative"
  bevorzugt Aufgaben, die ihm ein hohes Maß an Sicherheit bieten, mit denen er vertraut ist und wo er möglichst nichts falsch machen kann.

Es ist einleuchtend, dass Sie zunächst herausfinden müssen, wie die Persönlichkeit Ihres Mitarbeiters gestrickt ist, um passende Angebote machen zu können.

Wie können Sie schnell und treffsicher herausfinden, welche Aspekte einer Aufgabe für einen Mitarbeiter attraktiv sind? Die einfachste Möglichkeit, um etwas über Neigungen, Wünsche und Bedürfnisse von Personen herauszufinden, ist, sie zu fragen.

In der Checkliste 2 finden Sie Beispielfragen, die Ihnen dabei helfen können, etwas über die innere Motivation Ihrer Mitarbeiter herauszufinden.

Was macht Ihnen an Ihrer Aufgabe besonders Spaß?	Notizen
Welche Tätigkeiten bevorzugen Sie? Warum genau diese?	
Welche Aufgaben machen Sie besonders ungern?	
Was ist Ihnen in Ihrer Tätigkeit wichtig?	
Wann ist das Projekt erfolgreich für Sie?	
Woran machen Sie Erfolg für sich fest?	
Was motiviert Sie bei der Arbeit?	
Was demotiviert Sie?	
Wann bin ich ein guter Projektleiter für Sie?	
Was muss ich (als Führungskraft) beachten, damit Sie gerne mit mir zusammen arbeiten?	
Was sind Fehler, die ich (als Führungskraft) besser vermeiden sollte?	

Checkliste 2: Fragen, zur Ergründung der Motivationslandkarte Ihrer Mitarbeiter

Natürlich sollten Sie Ihre Mitarbeiter nicht in geballter Form mit den Fragen konfrontieren. Dies würde sicherlich zu einer gewissen Irritation bei Ihrem Gegenüber führen. Sie können diese Fragen jedoch beiläufig in Gesprächen einfließen lassen und so Ihr Gegenüber besser verstehen und treffsicherer einschätzen.

Im Beispiel von Herrn Hölzemann sieht dies folgendermaßen aus:

> Einer der Projektmitarbeiter von Herr Hölzemann ist Herr Jörmann, der als Bereichsleiter hierarchisch eine Stufe über Herrn Hölzemann angesiedelt ist. Bei einem gemeinsamen Mittagessen fragt er ihn beiläufig: „Herr Jörmann, wie kommt es eigentlich, dass Sie sich als Projektmitarbeiter angeboten haben?"
> Herr Jörmann: „Ich habe ja auch eines der großen EDV- und Reengineering-Projekte gemeinsam mit einem Berater geleitet. Und mir hat das großen Spaß gemacht!"
> Herr Hölzemann: „Ach genau, das PROGRESS-Projekt. Das war ja ein sehr umfangreiches Projekt, bei dem die Mitarbeiter ja auch sehr viel gearbeitet haben. Was genau hat Ihnen an diesem Projekt so gefallen?"
> Herr Jörmann: „Ich fand es einfach ganz spannend, mal die eigenen Prozesse anzuschauen und zu überprüfen, wo Verbesserungen möglich sind. Darüber hinaus finde ich es einfach wichtig, mitzuwirken, wenn man mit den Systemen selbst arbeiten soll. Das kann einem ja zukünftiges Arbeiten deutlich erleichtern und effizienter machen, wenn man seine Erfahrungen aus der Praxis mit einbringen kann."
> Herr Hölzemann: „Und ist es das, was Sie sich auch von diesem Projekt versprechen?"
> Herr Jörmann: „Genau. Und abgesehen davon arbeite ich auch ganz gerne mal wieder inhaltlich, wozu ich ja als Bereichsleiter leider immer weniger die Möglichkeit erhalte."
> Aus diesem Gespräch konnte Herr Hölzemann sehr gut ableiten, welche Köder bei Herrn Jörmann große Aussicht auf Erfolg haben. Herr Jörmann stellte sich als inhaltlich motivierter Mitarbeiter dar. Das Argument „die Einhaltung der Termine ist wichtig für das Unternehmen" bietet bei Herrn Jörmann deutlich weniger Anreiz als beispielsweise: „Wenn Sie Ihre Informationen rechtzeitig liefern, können wir am ehesten sicherstellen, dass Ihre Erfahrungen berücksichtigt werden." oder „Sie

können die Qualität der Projektarbeit deutlich erhöhen, wenn Sie Ihre Arbeitsergebnisse fristgerecht liefern."

Sie können die Checkliste auch dazu verwenden, zu überprüfen, inwieweit Sie selbst über die Motive und Wünsche Ihrer Mitarbeiter und Kollegen Bescheid wissen. Gehen Sie die Fragen für sich selbst durch und versuchen Sie, diese für die verschiedenen Mitarbeiter, die Ihnen zuarbeiten sollen, zu beantworten. Wenn Sie weniger als fünf der obigen Fragen beantworten können, können Sie davon ausgehen, dass Sie sich bislang zu wenig mit den Wünschen und Bedürfnissen Ihrer Mitarbeiter in Bezug auf ihre Aufgaben auseinander gesetzt haben. Dies kann in der Konsequenz dazu führen, dass Sie Ihren Mitarbeitern häufig mit „falschen" Angeboten kommen. Naturgemäß erreichen Sie Ihre Mitarbeiter dadurch weniger gut, als wenn Sie bedarfsgemäß argumentieren.

Die Stufe eins des Modells besagt, dass Sie versuchen sollten, die Aufgabe, die Sie an andere delegieren möchten, mit der Motivation des Mitarbeiters zu verknüpfen.

Stellen Sie sich vor, ein Mitarbeiter muss eine Präsentation für Sie erstellen.

- Einem „Expressiven" könnten Sie dies am Besten „verkaufen" dadurch, dass er die Präsentation selbst vor einem Gremium halten kann.
- Bei einem „Macher" würden Sie argumentieren, dass es sich hierbei um eine wichtige Präsentation handelt, die für das Unternehmen von großer Bedeutung ist.
- Einen „Analytiker" motivieren Sie besonders dadurch, dass Sie ihm vor Augen führen, dass seine Kompetenz und seine Fähigkeit, genau und detailliert zu arbeiten, gefordert sind.
- Ganz einfach gelingt die Motivation bei dem „Beständigen/ Integrativen" Da es sich hierbei häufig um besonders loyale und pflichtbewusste Mitarbeiter handelt, ist ein „Nein" von ihm eher unwahrscheinlich. Zusätzlich motivieren können Sie ihn dadurch, dass Sie seinen Teamgeist ansprechen und ihm verdeutlichen, dass

es sich um eine vertraute Aufgabe handelt, bei der er nichts falsch machen kann.

Das obige Beispiel ist eine starke Vereinfachung. Natürlich sollten Sie nicht einfach Mitarbeiter in Schubladen stecken und ihnen dann „das entsprechende Futter“ zukommen lassen. Halten Sie sich jedoch vor Augen, dass Sie stets aus der Perspektive des Mitarbeiters heraus argumentieren und weniger die eigenen Wünsche und Bedürfnisse in den Vordergrund stellen. Wenn es Ihnen gelingt, sich in Ihre Mitarbeiter hinein zu versetzen und für sie attraktive Aspekte einer Aufgabe aufzuzeigen, erreichen Sie sicherlich eher eine Bereitschaft, auch unangenehme Aufgaben für Sie zu erledigen, als wenn Sie sich auf Ihre eigenen Ziele und Interessen konzentrieren.

Stufe 2: Der Deal – Der Köder muss dem Fisch schmecken und nicht dem Angler

Bislang gingen wir davon aus, dass die jeweilige Aufgabe etwas bietet, das Sie sinnvoll mit der Motivation Ihrer Mitarbeiter in Verbindung bringen können. Dies ist jedoch nicht immer der Fall. Es gibt Aufgaben, die sind einfach lästig. Denkbar ist auch, dass die Mitarbeiter Aufgaben für Sie gerne erledigen würden, dies jedoch nicht tun, da von außen andere Prioritäten an sie herangetragen werden. Wie gehen Sie in dieser Situation vor?

Zurück zu unserem Beispiel:

> Einer von Herrn Hölzemanns Mitarbeitern ist Herr Wolff, der am ehesten in die Kategorie „Expressiver“ einzuordnen ist. Dies bedeutet, er steht gerne im Rampenlicht und liebt es, seine eigenen, oftmals kreativen Ideen zu verwirklichen. Herr Wolff setzt sich gerne über Regelungen hinweg und zieht so die Aufmerksamkeit anderer auf sich. Herr Hölzemann möchte nun von ihm eine sorgfältige Dokumentation von Prozessen erhalten, wobei sich Herr Wolff hierbei an vorgegebene Standards halten soll. Herr Wolff hat zunächst die Dokumentation gar nicht eingereicht. Als Herr Hölzemann ihn darauf ansprach,

> lieferte Herr Wolff zeitverzögert die Ergebnisse, hielt dabei jedoch nicht die vorgegebenen Standards ein. Herr Hölzemann müsste nun eigentlich Herrn Wolff etwas verkaufen, was konträr zu dessen eigenen Wünschen und Bedürfnissen ist. Er müsste ihm vermitteln, dass es „attraktiv" ist, sich an Regelungen zu halten, obwohl dies doch so gar nicht dem Naturell von Herrn Wolff entspricht. Was tun?

Wenn Sie versuchen, Aufgaben, die tatsächlich wenig attraktiv sind, zu positiv darzustellen, laufen Sie leicht Gefahr, unglaubwürdig zu werden. Viele Führungskräfte versuchen, den Mitarbeitern „unterzujubeln", dass das, was Sie von ihnen möchten, tatsächlich deren Wünschen und Bedürfnissen entspricht. Noch verbreiteter ist die Vorstellung unter Führungskräften, dass es gelingen kann, die Mitarbeiter dazu zu bewegen, aus sich heraus zu erkennen, dass es sich bei der „lästigen Pflichtübung" doch um etwas Spannendes und Herausforderndes handelt. Dies äußert sich häufig darin, dass Führungskräfte dann eine Vielzahl von Fragen stellen, die dazu führen sollen, dass der Mitarbeiter kundtut, dass er tatsächlich motiviert und begeistert ist.

Im Beispiel von Herrn Hölzemann sehe dies folgendermaßen aus.

> „Herr Wolff, Sie haben die Dokumentation der Prozesse leider nicht in dem vorgegebenen Standard abgegeben. Sind Sie nicht auch der Meinung, dass es von Vorteil ist, wenn wir uns alle an die Standards halten? Was denken Sie denn, welche Konsequenzen es hätte, wenn wir alle unterschiedliche Formate wählten? Glauben Sie nicht, dass wir uns zum Wohl des Unternehmens eine einheitliche Vorgehensweise einigen sollten?"

Sie können sich leicht vorstellen, wie Herr Wolff auf diese Fragen reagieren würde. Vermutlich würde diese Vorgehensweise von Herrn Hölzemann nicht dazu beitragen, dass Herr Wolff sich beim nächsten Mal an die Standards hält.

Mitarbeiter durchschauen derartige Manöver und sperren sich, da sie nicht manipuliert werden wollen. Daher sollten Sie auf derartige Manipulationsversuche verzichten. Versuchen Sie nicht, Aufgaben positiver darzustellen, als sie tatsächlich sind. Wenn Sie saure Gurken anbieten müssen, hilft nur eine Flucht nach vorne. Vermitteln Sie den Mitarbeitern, dass Sie sich der Tatsache bewusst sind, dass es sich um eine unangenehme, unattraktive Aufgabe handelt. Im Gegenzug für die Ausführung der Aufgabe können Sie vielleicht eine Gegenleistung anbieten. Dies bezeichnen wir als „Deal." Auch hier sollten Sie nach der Maxime handeln, dass Ihre Gegenleistung den Wünschen und Bedürfnissen des Mitarbeiters entspricht.

Wie sähe dies in unserem Praxisbeispiel aus?

> Herr Hölzemann könnte Herrn Wolff Folgendes anbieten: „Herr Wolff, leider musste ich feststellen, dass Sie sich bei der Dokumentation der Prozesse nicht an die vorgegebenen Standards gehalten haben. Ich weiß, dass das Einhalten der Standards lästig ist, und es kann auch gut sein, dass Sie einen für sich besseren Weg sehen, die Prozesse abzubilden. Im Projekt benötigen wir jedoch die Dokumentation in der vorgegebenen Form. Ich biete Ihnen an, dass, wenn Sie die Dokumentation in dem vorgegebenen Format abbilden, Sie die Endpräsentation vor dem Lenkungsausschuss mit mir gemeinsam halten."

Wichtig ist bei dieser Vorgehensweise, dass es sich tatsächlich um einen Deal handelt. Dies bedeutet, der Mitarbeiter erhält die Gegenleistung auch nur dann, wenn er sich an seinen Teil der Vereinbarung hält. Nun fragen Sie sich, welche Möglichkeiten Sie haben, Deals anzubieten? Sie verfügen im Gegensatz zu den disziplinarischen Vorgesetzten nicht über die wirklich attraktiven „Bonbons" wie Gehaltserhöhungen, Freizeitausgleich, Beförderungen etc. Was können Sie also im Gegenzug bieten?

Ein paar Anregungen finden Sie in nachfolgenden Checkliste 3.

Diese Darstellung zeigt, dass es auch als nicht disziplinarisch Vorgesetzter zahlreiche Möglichkeiten gibt, Mitarbeitern attraktive Angebote zu machen. Dabei können Sie diese Gegenleistung selbst anbieten, wenn dies in Ihrer Macht steht oder zumindest anbieten, dass Sie sich beim Vorgesetzten des Mitarbeiters dafür einsetzen.

Aufgabe	interessante, inhaltlich anspruchsvolle Aufgabe im Deal gegen eine Routineaufgabe Abwenden von lästigen (Routine-)Aufgaben im Deal gegen die Erledigung einer schwierigen Aufgabe
Darstellungsmöglichkeit der eigenen Person	Präsentation der Arbeitsergebnisse durch den Mitarbeiter vor dem entsprechenden Gremium besonderes Herausstellen der Leistung des Mitarbeiters beim nächsten Meeting Übertragen einer Aufgabe, die die Darstellung der Person ermöglicht (z. B. das Team in Gremien repräsentieren)
Fortbildung/ eigene Entwicklung	Qualifikation, um neue Aufgaben bewältigen zu können Weitergabe Ihrer eigenen Kompetenz in einem für den Mitarbeiter relevanten Bereich Übertragung anspruchsvoller Aufgaben, die Lern- und Entwicklungschancen geben
Zeit(-ausgleich)	für länger bleiben an einem Tag späterer Arbeitsbeginn oder früheres Arbeitsende an einem anderen längere Freizeit nach Erledigung der Gesamtaufgabe/Ende des Projektes
Unterstützung durch Dritte	Zugriff beispielsweise auf Auszubildende, Assistenzkräfte temporäre Ressourcen zur Verfügung stellen Unterstützung durch die eigene Person

Checkliste 3: Leistungen, die Sie im Zuge eines Deals anbieten können

Eventuell halten Sie es aber nicht für richtig, für jedwede kleine Leistung ihrer Mitarbeiter sofort in Gegenleistung zu treten. Das ist auch nicht der Gedanke des Deals. Der Deal bedeutet Gegenleistung für eine Leistung, die Ihnen das auch wert ist. Es gibt Situationen, in denen das Anbieten von „Schmankerln“ tatsächlich gut dazu geeignet ist, Bereitschaft zur Erledigung von Aufgaben zu erhöhen. Der Deal ist jedoch ein Instrument, das gezielt und weise eingesetzt werden sollte. Sie wissen vermutlich aus eigener Erfahrung, dass Belohnungen, die zu häufig angeboten werden, ihren Wert verlieren. Der zu intensive Einsatz von Belohnungen führt dazu, dass Mitarbeiter ihre Ansprüche nach oben schrauben und immer mehr fordern. Daher sollten auch Sie sich bei jedem Deal überlegen, ob dieser zum richtigen Zeitpunkt geschieht und ob Kosten und Nutzen dabei in einem ausgewogenen Verhältnis stehen.

Stufe 3: Die Qualität des gemeinsamen Wegs

Die ersten beiden Stufen des Modells konzentrierten sich sehr stark darauf, wie Sie Aufgaben mit der Motivation Ihrer Mitarbeiter in Einklang bringen können. Sie stoßen bei den ersten beiden Stufen an Ihre Grenzen, wenn Sie nur in beschränktem Maße attraktive Aufgaben oder Gegenleistungen anbieten können. Wenn Sie eine Aufgabe delegieren möchten und sehen sich immer noch mit der Frage konfrontiert „Und warum sollte ich das tun?“, dann gibt es eine weitere mögliche Antwort: „Tun Sie es für mich!“

Das Engagement anderer hängt jedoch in starkem Maße davon ab, inwieweit sie zu der Ansicht kommen, dass es gut ist, sich für Sie einzusetzen. Stellen Sie sich deswegen die Frage, was Sie anderen als Person bieten, sodass sich für diese ein Extra an Engagement und Einsatz für Ihre Sache lohnt! Mitarbeiter haben unterschiedliche Motive, warum sie sich für andere einsetzen. Sie lassen sich folgendermaßen zusammenfassen:

„Ich tu's für Dich, weil ich Dich so toll finde!“

Diese Motivation finden Sie besonders bei inhaltlich motivierten Mitarbeitern. Sie suchen nach jemandem, von dem Sie lernen können, der über ein besonderes Maß an Kompetenz oder Erfahrung verfügt. Sie schätzen Personen, die sie bewundern können. Sie möchten gerne stolz sein auf jemanden, für den sie arbeiten. Vergleichbare Beziehungen gibt es zwischen (guten) Lehrern und aufmerksamen Schülern. Diese Mitarbeiter gewinnen Sie, indem Sie Ihre Kompetenzen klar herausstellen und verdeutlichen, dass Sie andere gerne daran teilhaben lassen.

„Ich tu's für Dich, weil Du so stark bist!"

Eine derartige Einstellung haben vor allem unsichere Personen. Von jemandem, für den sie arbeiten, erhoffen sie sich Sicherheit, Ordnung und Stabilität. Wenn Sie genau dies ausstrahlen, werden Sie von einem Mitarbeiter mit dieser Einstellung zuverlässige Arbeitsergebnisse erhalten.

> Ein Berater sah sich mit einem Kundenprojektleiter konfrontiert, der sich noch in der Probezeit befand und in diesem Zeitraum erstmals ein Strategieprojekt leiten sollte. Aus lauter Unsicherheit kritisierte der Projektleiter jede PowerPoint-Folie. Präsentationen waren nicht ansprechend, Konzepte nicht schlüssig. Dies führte zu der Situation, dass der Berater für einen halben Workshop-Tag bis zu vier Tage gemeinsam mit dem Kunden die Workshops kreierte. Der Kunde sollte eigentlich inhaltliche Beiträge liefern, wozu er jedoch nicht kam, da er sich darin verzettelte, das Workshop-Design immer und immer wieder umzustellen. Der Berater wollte nicht widersprechen, schließlich war ihm Kundenorientierung von höchster Bedeutung. Eines Tages platzte ihm jedoch der Kragen: „Wissen Sie, ich habe schon dutzende derartiger Workshops gemacht. Bei vielen habe ich weniger als eine halbe Stunde auf das Design verwendet. Ich weiß, was ich tue und garantiere Ihnen, ich kriege das hin!" Seit diesem Ausbruch lief das Projekt rund. Der Kunde übernahm seinen Part, und der Berater führte die Workshops erfolgreich durch.

„Ich tu's für Dich, weil Du Dich so gut um mich kümmerst!"

Manche Mitarbeiter erhoffen sich von einer Führungskraft Hilfe, Fürsorge und Unterstützung. Diese Mitarbeiter sind häufig unzufrieden, bisweilen hilflos, was bereits lange Zeit der Fall sein kann. Bei diesen Mitarbeitern hilft es oftmals bereits, wenn Sie einfach ein offenes Ohr für deren Sorgen und Nöte haben. Das ist zwar auch zeitaufwändig, aber die regelmäßige gemeinsame Tasse Kaffe oder Tee ist gut investierte Zeit. Und wenn Sie sich dann eventuell noch an anderer Stelle für einen derartigen Mitarbeiter einsetzen, wird er es in besonderem Maße durch Loyalität und Zuverlässigkeit danken.

„Ich tu's für Dich, weil Du so dynamisch bist!"

Es gibt auch Mitarbeiter, die ein ausgeprägtes Bedürfnis nach Abwechslung, Intensität und Wachstum haben. Diese Mitarbeiter sind äußerst aktiv und fordernd. Sie finden sich in den bedeutsamen Projekten des Unternehmens, häufig tanzen sie auf mehreren Hochzeiten. Bei diesen Mitarbeitern verspüren Sie vermutlich nicht den Wunsch, sie zu aktivieren. Vielmehr geht es darum, Energie zu kanalisieren und dafür zu sorgen, dass Ihnen diese Mitarbeiter nicht die Führungsrolle streitig machen. Sie befinden sich mit diesen Mitarbeitern tendenziell in einem Machtkampf. Diesen müssen Sie immer wieder für sich entscheiden, um langfristig bei diesem Mitarbeiter zu punkten. Sie sollten dazu dem Mitarbeiter auf gleicher Augenhöhe begegnen.

Es geht auf der Stufe drei also darum, dass Sie sich als jemand darstellen, für den es sich lohnt, sich einzusetzen. Sie machen also den Weg, den der Mitarbeiter gehen muss, durch ihre Person so attraktiv wie möglich. Was jeweils attraktiv für den einzelnen Mitarbeiter ist, sollten Sie wiederum herausarbeiten. Die Ansprüche Ihres Mitarbeiters an Sie als Führungskraft erfragen Sie am besten zu Beginn eines Projektes bzw. einer Zusammenarbeit.

Gelegenheit finden Sie dazu z. B. im Rahmen eines Kick-off-Workshops.

Folgende Fragen sind dazu geeignet, um festzustellen, welche Ansprüche andere an Sie als Führungskraft haben:

- Wann bin ich ein guter Projektleiter für Sie?
- Was muss ich (als Führungskraft) beachten, damit Sie gerne mit mir zusammen arbeiten?

- Was sind Fehler, die ich (als Führungskraft) besser vermeiden sollte?
- …

Stufe 4: Einsicht und Pflicht – Appell an das Pflichtbewusstsein des Mitarbeiters

Die ersten drei Stufen gingen davon aus, dass es möglich ist, bei dem anderen so etwas wie eine positive Bereitschaft zu erzeugen, sprich eine echte Motivation. Am Ende Ihrer Aktivitäten steht dann im Idealfall die Aussage des Mitarbeiters: „Ja, ich tue das gerne und zwar,

- weil es gut für mich ist! (Stufe eins)
- weil ich im Gegenzug etwas bekomme! (Stufe zwei)
- für Sie! (Stufe drei)

Es gibt allerdings auch Fälle, bei denen Sie kein „Ich-tue-das-gerne“ erhalten, wie sehr Sie auch versuchen, zu motivieren. Dann sollten Sie übergehen auf Stufe vier: Einsicht und Pflicht.

Sie appellieren auf dieser Stufe an das Pflichtbewusstsein des Mitarbeiters. Ein disziplinarischer Vorgesetzter kann sich hierbei direkt auf den Arbeitsvertrag des Mitarbeiters beziehen kann. Ein deutliches Beispiel hierfür ist die Aussage einer Führungskraft: „Sie werden hier ja nicht dafür bezahlt, dass Sie die Raumluft aufwärmen! Ihr Arbeitsvertrag beinhaltet deutlich mehr Pflichten!“ Auf diese Art und Weise können und wollen Sie (hoffentlich!) Ihren Mitabeitern nicht begegnen. Wenn Sie also an das Pflichtbewusstsein eines Mitarbeiters appellieren, dann tun Sie das auf eine kollegiale Art.

> Beispiel:
> Herr Heidbrink arbeitet im Vertrieb eines Telekommunikationsunternehmens. Zu seiner eigenen Entlastung und um Herrn Heidbrink für nächste Karriereschritte zu qualifizieren, hat sein Vorgesetzter ihn gebeten, als Primus inter Pares seine Kollegen

> zu betreuen. Von einem Kunden, den Herr Heidbrink in der Vergangenheit selbst betreut hat, erhält er Rückmeldung über seinen Kollegen Herrn Kasiske, der die Betreuung des Kunden seit einigen Wochen übernommen hat. Herr Kasiske sei nicht kundenorientiert genug, er würde Verträge nicht mit der erforderlichen Geschwindigkeit bearbeiten und auf Anfragen nicht prompt genug reagieren. Aus eigener Erfahrung weiß Herr Heidbrink, dass sich der Kunde stets eine Sonderbehandlung wünscht und dass es sich bei ihm eher um einen „kleinen Fisch“ mit geringem Auftragsvolumen handelt. Er kann daher nachvollziehen, dass sich Herr Kasiske nicht mit höchster Priorität um den Kunden kümmert. Herr Heidbrink hat vergeblich versucht, die Stufen eins und zwei einzusetzen. Stufe drei hält er für sehr aussichtslos, da Herr Kasiske ähnlich erfahren ist wie er selbst und sich in einer Konkurrenzsituation mit Herrn Heidbrink befindet. Auch er möchte gerne aufsteigen und sieht es mit Argwohn, dass ihn ihr gemeinsamer Chef zum inoffiziellen Teamleiter auserkoren hat.

In derartigen Fällen ist das Erinnern an den Arbeitsvertrag mit großer Wahrscheinlichkeit kontraproduktiv und würde Abwehr hervorrufen. Wir gehen jedoch davon aus, dass Mitarbeiter prinzipiell Sachargumenten gegenüber offen sind. Wenn Sie die sachlichen Gründe, aus denen es notwendig ist, dass der Mitarbeiter eine Aufgabe erledigt oder ein bestimmtes Verhalten an den Tag legt, nachvollziehbar darstellen, werden Ihnen eine Vielzahl von Mitarbeitern folgen. Nicht zwangsläufig gerne, manchmal mit Widerwillen, aber damit kommen Sie zumindest ein gutes Stück weiter. Um so weit zu kommen, müssen Sie an das Pflichtbewusstsein Ihres Gegenübers appellieren.

Dabei führen Sie zwei Informationen an:

- Hintergründe der Aufgaben
- Ziele, zu deren Erreichung der Mitarbeiter beitragen kann

Es erhöht die Bereitschaft von Mitarbeitern, für sie unangenehme Aufgaben zu erfüllen, wenn sie wissen, was dahinter steht. Erläutern

Sie daher unmotivierten Mitarbeitern, warum Sie ihre Unterstützung benötigen.

- Warum benötigen Sie Daten in einer bestimmten Qualität und zu einem bestimmten Zeitpunkt?
- Was wird mit den Arbeitsergebnissen gemacht?
- Wer arbeitet damit weiter?
- Was bedeutet das für das Unternehmen?

Manche Mitarbeiter willigen auch eher in lästige Aufgaben ein, wenn sie wissen, dass sie dadurch zur Erreichung eines Zieles beitragen. Doch machen Sie dabei nicht einen bei vielen Führungskräften beliebten Fehler, den des „Oversellings."

Nicht überverkaufen

Überverkaufen heißt, dass Sie ein Produkt mehr anpreisen als ihm gut tut. Führungskräfte neigen zum Überverkaufen, wenn sie versuchen, andere zu „motivieren". Vergleichen Sie Ihre Situation mit der von Eltern, die versuchen, ihr Kind zum Spinat essen zu motivieren.

- Stufe eins (Motivation durch Sinnvermittlung) heißt in diesem Fall: „Iss Deinen Spinat, dann wirst Du groß und stark wie Popeye."
- Stufe zwei (Deal) können Sie übersetzen mit: „Wenn Du Deinen Spinat schön isst, dann bekommst Du nachher auch ein Eis."
- Stufe drei (Qualität des gemeinsamen Wegs) ist nichts anderes als: „Ein Löffel für Mama, ein Löffel für Papa ..."
- Stufe vier (Einsicht und Pflicht) wäre: „Spinat enthält Eisen und wertvolle Vitamine, die Dein Körper benötigt."

Wenn Sie ein einsichtiges Kind haben, wird es sich darauf einlassen, den Spinat zu essen. Wenn nicht, greift Stufe fünf. Absurd ist allerdings die Vorstellung, die Eltern kämen auf Stufe vier auch nur einen Schritt weiter, wenn sie betonten, wie toll und motivierend es doch sei, Eisen und Vitamine zu sich zu nehmen. Wenn Eltern dies versuchen, spürt das Kind intuitiv, dass die Eltern etwas im Schilde führen und reagiert mit Trotz. Die Eltern fahren in dieser Situation besser damit, das Spinatessen als sachliche Notwendigkeit darzustellen. Gerne verwenden sie dann das Sprichwort „Das eine, was man will, das andere was man muss!"

An die gleiche Strategie sollten sich auch Führungskräfte halten. Auf Stufe vier (Einsicht und Pflicht) des Modells haben Sie die Strategien zur Motivation im Sinne eines Erzeugens von einem guten Gefühl bereits ausgeschöpft. Sie befinden sich jetzt in dem Stadium, in dem Sie ein Zähneknirschen in Kauf nehmen, Hauptsache, die Leistung stellt sich ein. Ein hohes Maß an Sachlichkeit und das Heraushalten von Emotionen sind hierbei gefragt.

Im Beispiel von Herrn Heidbrink und Herrn Kasiske sieht dies folgendermaßen aus:

> Herr Heidbrink: „Unser Kunde x hat mir Rückmeldung gegeben, dass er sich nicht gut betreut fühlt. Er mahnte an, Sie würden Verträge nicht mit der erforderlichen Geschwindigkeit bearbeiten und auf Anfragen nicht prompt genug reagieren. Ich kenne den Kunden ja recht gut und weiß, dass er recht anspruchsvoll ist und einem das Leben nicht leicht macht. Aber Sie wissen ja, dass wir uns unsere Kunden nicht aussuchen können und immerhin zahlt der Kunde ja unser Gehalt. Ich bitte Sie, dem Kunden in Zukunft mehr Aufmerksamkeit zu widmen und auf seine Anfragen schneller zu reagieren."

Es kann sein, dass ein Mitarbeiter aufgrund eines derartigen Feedbacks sich nun mehr am Riemen reißt, muss aber nicht. In diesem Fall empfiehlt sich eine Intensivierung. Da Sie als nicht disziplinarische Führungskraft nicht auf arbeitsrechtliche Verpflichtungen hinweisen können, empfiehlt sich eine andere Vorgehensweise. Es handelt sich dabei um folgende, äußerst effiziente Form des Appells an das Pflichtbewusstsein.

Create a burning platform!

„To create a burning platform“ heißt, bildhaft vor Augen zu führen, welche Konsequenzen es haben könnte, wenn der Mitarbeiter sein Verhalten nicht ändert. Dieses Bild wurde von Daryl R. Conner geprägt und bezieht sich auf folgendes Ereignis.

> Im Juli 1988 brannte in der Nordsee vor der Küste Schottlands eine Ölplattform. Dabei kamen 166 Mannschaftsmitglieder und zwei Personen der Rettungsmannschaft ums Leben. 36 Mannschaftsmitglieder überlebten jedoch diese Katastrophe. Einer von ihnen war Andy Mochan. Er war von der brennenden Ölplattform 150 Fuß tief in die eiskalte Nordsee gesprungen. Der Sprung ins Wasser an sich war bereits lebensgefährlich. Gleichzeitig wusste Andy Mochan, dass er in dem Wasser aufgrund der niedrigen Temperatur maximal 20 Minuten überleben konnte. Wie in den Medien üblich, wurde er als Held noch im Krankenhausbett interviewt und am meisten interessierte natürlich die Frage: „Warum sind Sie gesprungen?“ Er antwortete darauf: „Ich hatte die Wahl zwischen springen oder verbrennen!“

Seitdem dieses Beispiel 1992 von Daryl R. Conner zitiert wurde, wird es als effiziente Metapher dafür genutzt, um bei Mitarbeitern Handlungsbereitschaft bzw. Veränderungen zu erzeugen. Der Sprung ins kalte Wasser, d. h. eine äußerst unangenehme Tat bzw. Aktivität wird dabei als das kleinere Übel dargestellt als die Option, nicht zu handeln bzw. das Verhalten nicht zu ändern.

Wenn Sie mit diesem Bild arbeiten möchten, besteht Ihre Aufgabe als Führungskraft darin, die Alternative, nicht zu handeln bzw. das Verhalten nicht zu ändern, besonders unattraktiv erscheinen zu lassen. Bedienen Sie sich dabei einer möglichst bildhaften Sprache. Überlegen Sie sich, wie Sie ein Feuer auf der Ölplattform entfachen können, das Ihr Gegenüber zum Handeln zwingt. Dabei können Sie ruhig ein wenig übertreiben oder auch dramatisieren, um tatsächlich Handlungsdruck bei dem Mitarbeiter zu erzeugen.

Achten Sie jedoch auch in dieser Stufe darauf, aus der Perspektive Ihres Mitarbeiters zu argumentieren und nicht aus der Ihrigen. Um in dem Bild der brennenden Plattform zu bleiben: was Sie springen lässt, beunruhigt andere nicht zwangsläufig.

Ein zweiter Fehler, der begangen wird, ist, dass Führungskräfte in einem anklagenden Tonfall verfallen, der den anderen zu einer Rechtfertigung des eigenen Verhaltens geradezu herausfordert. Durch ein sachliches und eher kollegiales Auftreten vermeiden Sie eine Verhärtung der Fronten und kommen so Ihrem Ziel näher.

In unserem Beispiel wählte Herr Heidbrink folgende Variante:

> Herr Heidbrink: „Ich kann ja verstehen, dass Sie den Kunden x nicht ganz oben auf der Prioritätenliste habe. Allerdings kenne ich ihn recht gut. Ich bin zu Anfang ähnlich mit ihm umgegangen wie Sie."
> (Ölplattform:) „Mir hat er dann das Leben ganz schön schwer gemacht. Er wurde dann richtig kleinkariert und hat sich wegen jeder Kleinigkeit beschwert. Letztendlich habe ich dann befürchtet, dass er sich bei der Geschäftsführung beschwert. Und so wie der drauf ist, hätte er das auch getan."
> (Appell an das Pflichtbewusstsein verpackt als kollegialer Rat:) „Hätte ich das von Anfang an gewusst und mich darauf besser eingestellt, hätte ich mir einen Haufen Arbeit erspart! Ich empfehle Ihnen, dies gerade bei diesem Kunde zu bedenken."

Durch diese Vorgehensweise „packen" Sie sicher noch den ein oder anderen Mitarbeiter, vor allem diejenigen, die sachlichen Argumenten gegenüber offen sind und per se ein ausgeprägtes Pflichtbewusstsein haben. Bei anderen werden Sie zu Stufe fünf übergehen müssen.

Stufe 5: Herrschaft – der letzte, aber manchmal notwendige Schritt

Sie haben versucht zu motivieren. Sie haben an das Pflichtbewusstsein Ihres Gegenübers appelliert. All das hat nichts gebracht. Dann beschreiten Sie die letzte Stufe, die sehr plakativ „Herrschaft“ genannt wird.

Wenn Sie über keine disziplinarischen Mittel verfügen, scheiden die klassischen Herrschaftsmittel wie Abmahnungen oder das Streichen eines Bonus aus. Das Ausüben von Herrschaft heißt für Sie, Druck über den nächsthöheren Vorgesetzten herzustellen.

> Beispiel:
> Herr Renisch leitet ein Projekt. In seinem Projektteam arbeitet Frau Happel, eine Mitarbeiterin seines Kollegen Herrn Weinhold. Frau Happel ist offiziell zu 50 Prozent für das Projekt freigestellt und soll in dieser Zeit Interviews und Workshops durchführen. Diese Freistellung findet jedoch lediglich auf dem Papier statt, was heißt, dass ihr Tagesgeschäft nebenbei normal weiterläuft. Frau Happel findet das Projekt von Herrn Renisch hochgradig interessant und würde sich auch gerne stärker engagieren. Wenn sie dies jedoch tut, leiden darunter die Aufgaben, die sie für Herrn Weinhold zu erledigen hat, sodass es immer wieder zu Auseinandersetzungen mit ihm kommt. Als Konsequenz lässt Frau Happel ihre Projektarbeit schleifen.
> Herr Renisch hat alle Stufen der Motivation erfolglos durchschritten und mehrfach an Frau Happels Pflichtbewusstsein appelliert – ohne durchschlagenden Erfolg! Herr Renisch sucht daraufhin das Gespräch mit Herrn Weinhold.

Über den Vorgesetzten gehen, das ist Ihnen unangenehm? Mit dieser Einstellung stehen Sie nicht alleine. Nicht umsonst ist „Herrschaft“ die letzte Stufe in dem Modell. Es ehrt Sie, dass Sie selbst bei hartnäckigen Fällen noch versuchen, eine Leistungs- oder Qualitätssteigerung im Guten zu erzielen, und dennoch neben einem positiven und wertschätzenden Umgang mit dem Mitarbeiter werden Sie dafür bezahlt, dass Sie Ergebnisse erzielen. Da diese Zielsetzung nun gefährdet ist und Sie auch gerne effizient handeln möchten und auch sollten, ist es legitim, nun zu Stufe fünf überzugehen.

Es erinnert Sie an Ihre Schulzeit, in der die „Petzen" die Kinder auf dem Schulhof waren, die von niemandem akzeptiert wurden? Eskalation unterscheidet sich jedoch durch mehrere Faktoren deutlich vom Petzen.

1. Sicherstellen, dass Sie vorher alle anderen Wege ausgeschöpft haben
2. Dokumentation vorheriger fehlgeschlagener Versuche
3. Ankündigung der Eskalation
4. Konsequent sein in der Ausführung

1. Sicherstellen, dass Sie vorher alle anderen Wege ausgeschöpft haben

Ein häufiger Fehler von Führungskräften ist, dass sie zu früh eskalieren, d. h. dass sie ihre eigenen Möglichkeiten nicht voll ausgeschöpft haben bzw. dem Vorgesetzten gegenüber nicht hinreichend verdeutlichen, dass dies der Fall war. Ihr Gegenüber fällt dann aus allen Wolken, wenn Sie „plötzlich" mit seinem Vorgesetzten sprechen und fühlt sich ungerecht behandelt. Daher stellen Sie sicher, dass Sie die anderen Wege tatsächlich ausgeschöpft haben.

2. Dokumentation vorheriger fehlgeschlagener Versuche

Eine Eskalationsstrategie bricht in dem Moment zusammen, in dem derjenige, über den Sie sich beschweren, Ihnen mit Aussagen wie „Herr XY hat gar nicht mit mir gesprochen." oder „Mir war nicht deutlich, dass es so dramatisch ist." in den Rücken fällt. Dadurch wird Ihre Vorgehensweise in Frage stellt und Sie stehen in einem schlechten Licht da. Es empfiehlt sich daher, vor einem Gespräch mit dem Vorgesetzten Ihre vorherigen Schritte zu dokumentieren und sich diese Dokumentation gegebenenfalls von Ihrem Gegenüber auch „abzeichnen" zu lassen.

3. Ankündigung der Eskalation

Zu dem Dokumentieren und Abzeichnen gehört auch, dass Sie das Eskalationsgespräch an sich ankündigen. Dadurch vermeiden Sie unangenehme Überraschungen für sich und den Mitarbeiter.

4. Konsequent sein in der Ausführung

Bevor Sie eine Eskalation ankündigen, seien Sie sich klar darüber, dass Sie diese dann auch „durchziehen" müssen. Ist die Konsequenz „Ich spreche mit Ihrem Chef." einmal in Aussicht gestellt, sollten Sie diesen Weg im Zweifelsfall auch tatsächlich beschreiten. Ansonsten gelangen Sie sehr schnell in den Ruf, inkonsequent zu sein und Drohungen nicht wahr zu machen – nach dem Motto „Hunde die bellen, beißen nicht!"

In manchen Fällen zeigt bereits die Ankündigung einer Eskalation den gewünschten Effekt, auf einmal bringt der Mitarbeiter die gewünschte Leistung. In anderen hingegen sehen Sie sich mit ganz anderen Reaktionen konfrontiert.

Ankündigung einer Eskalation – Strategien und Reaktionen der verschiedenen Mitarbeitertypen

Womit können Sie rechnen, wenn Sie eskalieren bzw. dies ankündigen? Die typischen Verhaltensmuster sind wieder auf die vier Mitarbeitertypen zurückzuführen. Ihre Strategie zum Umgang damit sollte sich danach richten.

Um die Gefahr von allzu emotionalen Reaktionen zu reduzieren, sollten Sie die Eskalation sachlich, freundlich und klar formulieren.

	Typische Reaktion	Ihre Strategie
Macher	Erlebt Eskalation als Bedrohung seines Status (Chef könnte Eindruck erhalten, der Macher sei nicht in der Lage, ein Problem alleine zu lösen). Machtgehabe „Wir werden ja sehen, wer am längeren Hebel sitzt!"	Auf gleicher Augenhöhe argumentieren – nach dem Motto: „Es ist bedauerlich, dass wir beide nicht zu einer Lösung kommen. Anscheinend haben wir beide gute Argumente für unsere Standpunkte. Daher sollte das Thema auf nächsthöherer Ebene geklärt werden." Zu dominantes Verhalten verstärkt die Kampfbereitschaft des Machers und bindet unnötig Energie.
Beständiger/ Integrativer	Möchte kein Aufsehen erregen, lenkt daher schnell ein. Nimmt es persönlich übel.	Vorsichtige Formulierungen. Verdeutlichen, dass es nicht um den Integrativen als Person geht sondern um die Sache Danach Fragen, wie es ihm geht und Hilfe anbieten.
Expressiver	Hochgradig emotionales Verhalten; Drohen, sogar toben ist möglich. Liebt die Bühne, nutzt daher eine Eskalation für einen „Märtyrertod."	Eskalation ankündigen. Die emotionale Reaktion aussitzen, z. B. einen Tag warten. Verdeutlichen, wie sehr die Eskalation dem Image des Expressiven schaden wird. Wenn dies nicht hilft, tatsächlich eskalieren.
Analytiker	Wägt Kosten und Nutzen einer Eskalation ab. Sarkastisch oder, wenn Sie gute Argumente haben, einlenkend.	Vor Augen halten, dass das Ergebnis einer Eskalation nachteiliger sein könnte als eine direkte Einigung mit Ihnen.

Checkliste 4: Typische Reaktionen bei Eskalationen und mögliche Gegenstrategien

Im obigen Beispiel sah dies folgendermaßen aus:

> Herr Renisch hatte wiederholt versucht, mit Frau Happel direkt zu klären, dass diese sich mehr in dem Projekt engagiert. Im Anschluss trat kurzfristig eine Verbesserung ein, die jedoch nicht lange vorhielt. In einem weiteren Gespräch kündigte Herr Renisch an: „Frau Happel, wir haben wiederholt darüber gesprochen, dass Sie Ihren Aufgaben im Projekt nicht so nach-

> kommen können, wie es für das Projekt erforderlich wäre. Wir wissen beide, dass dies nicht an Ihrer mangelnden Bereitschaft, in dem Projekt mitzuarbeiten liegt, und dass Sie die Aufgaben in entsprechender Qualität abliefern können. Ich erlebe es so, dass Sie Ihre Aufgaben in dem Projekt nicht zu meiner Zufriedenheit ausüben können, da Sie zu stark im Tagesgeschäft eingebunden sind. Ich möchte daher ein Gespräch mit Ihrem Vorgesetzten führen, in welchem wir eine Lösung für dieses Problem herbeiführen. Gerne können wir dieses Gespräch auch gemeinsam führen. Wenn Sie dies nicht möchten, fände ich es schön, wenn Sie im Vorfeld mit Herrn Weinhold sprechen."

Die oben dargestellte Vorgehensweise beinhaltet zum einen die notwendige Klarheit, um in der Sache voran zu kommen. Zum anderen wurde die Mitarbeiterin durch die diplomatische Formulierung nicht unnötig vor den Kopf gestoßen. Darüber hinaus erhält die Mitarbeiterin die Möglichkeit, im Vorfeld mit ihrem Chef ein persönliches Gespräch zu führen. Dies schafft Transparenz und Offenheit.

Die Ankündigung des Eskalationsgespräches führte im obigen Beispiel nicht zu einer Verhaltensänderung der Mitarbeiterin. Hier war ja die mangelnde Bereitschaft, die Aufgaben fristgerecht zu erledigen, nicht in der Mitarbeiterin selbst begründet, sondern sehr stark von äußeren Faktoren beeinflusst. In diesen Fällen macht es wenig Sinn, den Druck auf den Mitarbeiter zu erhöhen. Es geht eher darum, Druck von anderer Seite, sprich vom Vorgesetzten des Mitarbeiters abzuwenden. Hier ist die Eskalation nicht nur ein „Kann" sondern ein „Muss." Folgendes sollten Sie dabei berücksichtigen:

Fakten, Fakten, Fakten

In dem Eskalationsgespräch sollten Sie den disziplinarischen Vorgesetzten des Mitarbeiters, der die entsprechende Leistung nicht erbringt, klar und deutlich informieren. Auch wenn Sie dem Mitarbeiter empfehlen, er selbst möge zunächst seinen Chef informieren, ist es sehr wahrscheinlich, dass Sie in dem Gespräch die notwendigen Fakten liefern müssen.

- Können Sie, was Sie da behaupten, auch belegen? Nehmen Sie hierfür Aufzeichnungen, Belege mit in das Gespräch. Führen Sie konkrete Beispiele an.
- Wenn möglich, quantifizieren Sie. Wie viele Tage sind Sie im Verzug? Was bedeutet das für das ganze Vorhaben?
- Dreht es sich nur um den Mitarbeiter des Gesprächspartners oder sind auch andere Mitarbeiter betroffen?

Seien Sie für diese Fragen gewappnet. Der Vorgesetzte Ihres Mitarbeiters wird sie stellen, um nicht nachgeben zu müssen.

Wertschätzung und Verständnis für die Situation des anderen

Häufig laufen diese Gespräche schief, wenn sie von wenig Wertschätzung geprägt sind. In Ihren Augen handelt der Vorgesetzte des Mitarbeiters egoistisch. Er schaut nur auf seinen Bereich und hat Ihre Aufgaben dabei gar nicht im Blick. Sieht er denn nicht, wie sehr er dem Unternehmen damit schadet? Und das lässt er auch noch einen Mitarbeiter ausbaden. Oder hat er diese etwa nicht im Griff? Wenn Sie mit dieser Einstellung in das Gespräch gehen, läuft es mit großer Wahrscheinlichkeit aus dem Ruder.

Versetzen Sie sich doch einmal in die Situation Ihres Gesprächspartners. Er könnte sich beispielsweise folgendes denken: „Bei mir sind die Ressourcen knapp. Jetzt stelle ich meinem Kollegen Mitarbeiter zur Verfügung, das Tagesgeschäft läuft weiter und jetzt kommt mein Kollege und macht auch noch meine Mitarbeiter schlecht. Ich habe manchmal den Eindruck, er glaubt, sein Projekt ist das einzige, was in diesem Unternehmen zählt."

Dieser Perspektivenwechsel sensibilisiert Sie sicherlich für eine sachliche und wertschätzende Vorgehensweise. In den meisten Fällen können Sie davon ausgehen, dass es nicht das vorrangige Ziel Ihrer Mitmenschen ist, Ihnen das Leben und die Arbeit schwer zu machen. Auch Ihre Kollegen haben gute Gründe für Ihr Verhalten. Wenn Sie sich dies vor Augen halten, begegnen Sie Ihren Gesprächspartnern mit deutlich mehr Wertschätzung. Dies erhöht wiederum beim Gegenüber die Bereitschaft, in Ihrem Sinne zu handeln.

Hilfe von oben!

Das Eskalationsgespräch mit dem Vorgesetzten des Mitarbeiters hat nicht gefruchtet? Dann gehen Sie eine Stufe weiter, holen Sie sich Verstärkung von oben.

Im Normalfall haben Sie den Auftrag für Ihre Aufgaben von einer hierarchisch höher angesiedelten Person erhalten. Dies kann die Geschäftsführung, ein Bereichsleiter oder ähnliches sein. Diese Person hat Sie mit der Leitung eines Projektes oder dem Ausüben einer Tätigkeit beauftragt, von der sie sich einen wie auch immer gearteten Nutzen verspricht. Insofern verfügen Sie über einen Trumpf in Ihrer Hand, den Sie ausspielen können. Wiederum sollten Sie hierbei bedenken, für wen dieser Trumpf tatsächlich von Bedeutung ist. Häufig ist es jedoch vergebliche Liebesmüh', diesen gegenüber dem Mitarbeiter selbst auszuspielen. Überlegen Sie sorgfältig, bei wem Sie damit punkten können.

Es gelten bei der Eskalation nach oben die gleichen Prinzipien wie auf der darunter liegenden Ebene:

- Stellen Sie sicher, dass Sie alle anderen Möglichkeiten probiert haben.
- Dokumentieren Sie vorherige erfolglose Aktivitäten.
- Kündigen Sie die Eskalation bei dem Mitarbeiter und seinem Vorgesetzten an.
- Seien Sie konsequent und zusätzlich.
- Betrachten Sie diese Vorgehensweise als konsequenten letzten Schritt in einer Eskalationsstrategie und interpretieren Sie diese nicht als persönliches Versagen!

Viele Führungskräfte schrecken vor der Eskalation nach oben zurück, da sie den Anspruch haben, Probleme stets selbst zu lösen. Auch die

Werbung suggeriert uns schließlich: „If you are not part of the solution, you are part of the problem!" Wenn Sie jedoch vorher alle Stufen des Modells durchlaufen haben und dies bei dem anderen nicht zu einer Verhaltensänderung geführt hat, dann ist es nur recht und billig, dass Sie sich nun Verstärkung von oben holen. Wenn Sie die obigen Schritte einhalten, können Sie sicher sein, richtig zu handeln.

Ein kleiner Wermutstropfen

Leider führt selbst eine Eskalation nach oben nicht zwangsläufig dazu, dass Prioritäten gemäß Ihrer Vorstellung verschoben werden. Am Ende eines Eskalationsgespräches kann durchaus eine Entscheidung gegen Ihre Interessen stehen. Ist dies der Fall, ist es jedoch Ihre Pflicht, klar zu machen, mit welchen Konsequenzen Ihrerseits dies verbunden ist.

> Beispiel:
> Der Vorgesetzte entscheidet im Eskalationsgespräch, dass Herr Renisch keine zusätzlichen Ressourcen für sein Projekt bekommt und dass Frau Happel weiterhin im identischen Maße für ihren Vorgesetzten, Herrn Weinhold, tätig ist. Herr Renisch bleibt keine andere Möglichkeit, als dies zu akzeptieren, gleichzeitig macht er jedoch deutlich, dass sich dadurch der Abgabetermin für sein Projekt um zwei Monate nach hinten schiebt. Der Vorgesetzte akzeptiert diesen Termin, wenn auch widerwillig.

Aus dem obigen Beispiel wird noch einmal deutlich, welche Möglichkeiten Sie als Führungskraft ohne disziplinarische Vorgesetztenfunktion haben, Druck auf alle Beteiligten auszuüben. Die Größe des Drucks hängt dabei von der Bedeutung, die Ihre Aufgaben für alle Beteiligten haben, ab. Naturgemäß kann dies Ihren Einfluss begrenzen. Wenn Sie jedoch diese fünf Stufen konsequent anwenden und sich im Vorfeld realistische Ziele setzen, erhöhen Sie Ihre Schlagkraft deutlich.

Die folgende Übersicht liefert Ihnen das Wichtigste auf einen Blick:

Stufe	Was Sie dabei beachten sollten
Basis: Erarbeiten von realistischen Motivationszielen	Erreichbarkeit des Motivationsziels hängt ab von der Grundeinstellung des Mitarbeiters. Reflektieren, um welchen Fall handelt es sich: Drückeberger Entspannter Überzeugungstäter
Stufe 1 Motivation durch Sinnvermittlung	Herausarbeiten, was den Mitarbeiter inhaltlich motiviert und anspricht. Zur Orientierung helfen die Mitarbeitertypen. Überprüfen: Ist diese Motivation in Einklang zu bringen mit der Verhaltensänderung/Aufgabe, zu der Sie motivieren möchten? Verknüpfung von Verhaltensänderung/Aufgabe und Motivation
Stufe 2 Deal	Herausarbeiten, welche Gegenleistung dem Mitarbeiter die Verhaltensänderung/Aufgabe, zu der Sie motivieren möchten, schmackhaft macht Überprüfen, ob Leistung und Gegenleistung in einem für Sie vernünftigen Verhältnis stehen offen zugeben, dass die Verhaltensänderung/Aufgabe wenig attraktiv ist Gegenleistung im Austausch für Verhaltensänderung/Aufgabe anbieten Gegenleistung nur bei erfolgter Verhaltensänderung/Aufgabe auszahlen
Stufe 3 Qualität des gemeinsamen Wegs	Herausarbeiten, welcher Art von Person der Mitarbeiter gerne folgt, jemandem der kompetent ist der stark ist der sich um ihn kümmert der dynamisch ist und etwas bewegt Achten Sie gezielt darauf, diese Attribute bei Ihnen herauszukehren und betonen Sie diese gegenüber dem Mitarbeiter
Stufe 4 Einsicht und Pflicht	Hintergründe von Aufgaben erläutern und Ziele darstellen nicht überverkaufen betont sachliche Darstellung

Stufe	Was Sie dabei beachten sollten
Stufe 5 Herrschaft	Vorher alle anderen Stufen anwenden und dokumentieren! Eskalationsgespräche vorher ankündigen konsequente Ausführung Hilfe von oben, nicht als eigenes Versagen sondern als konsequent richtigen und letzten Schritt interpretieren

Checkliste 5: Fünf Wege der Führung und was Sie beachten sollten

2.4 Wie Sie das Modell zur Mitarbeiter-Motivation noch anwenden können

Es ist heutzutage eher selten der Fall, dass Sie andere über Macht und Autorität dazu bringen können, etwas für Sie zu tun. Sie sind nahezu immer aufgefordert, zu erklären, zu überzeugen, sprich zu motivieren. Sei es, weil es Ihrem eigenen Anspruch bzgl. des Umgangs mit Menschen entspricht, sei es, weil Ihre Mitmenschen dies von Ihnen erwarten. Das Modell der fünf Stufen, um Mitarbeiter zu gewinnen und zu motivieren, stellt einen pragmatischen und strukturierten Weg dar, wie Sie langsam und systematisch den Handlungsdruck bei einem anderen erhöhen können.

Es ist immer dann einsetzbar, wenn es gilt, andere zu überzeugen, etwas zu tun, was im ersten Moment nicht ihrer Motivation entspricht. Dabei muss es sich nicht ausschließlich um Mitarbeiter handeln, die Ihnen in irgendeiner Form zuarbeiten sollen. Das Modell ist auch anwendbar auf Ihren Chef oder auf Kunden. Auch bei externen Dienstleistern oder Projektpartnern können Sie es einsetzen.

Intuitiv beschreiten Sie vermutlich einige der verschiedenen Stufen bereits. Es mag Ihnen helfen, zu analysieren, welche Stufe Sie vergleichsweise wenig oder noch nicht richtig beschreiten. Dadurch können Sie systematisch das ganze Repertoire der Überzeugung und Motivation, das Ihnen zur Verfügung steht, nutzen.

Herausforderung 3: Kritisches Feedback geben, ohne jemanden als Teammitglied zu verlieren

3.1 Worin besteht die Herausforderung beim Feedback?

Kaum jemand lässt sich gerne kritisieren. Nachdem wir die Schule und Ausbildung hinter uns gelassen haben, in der wir Urteile unserer Lehrer akzeptieren mussten, sind die meisten Personen recht dankbar dafür, wenn sie sich im Berufsleben nicht mehr der Kritik eines anderen aussetzen müssen. Viele Mitarbeiter lassen sich zwar bereitwillig an ihrer Leistung messen, ungern hören die sie jedoch, dass etwas in ihrem Verhalten nicht stimmt. Eine Kritik am eigenen Verhalten beinhaltet stets, dass man etwas falsch gemacht hat oder noch besser tun könnte. Das tut weh. Ein klares und zugleich wertschätzendes Feedback ist jedoch Grundvoraussetzung, um die Zusammenarbeit zu verbessern und Konflikte zu lösen. In den meisten Unternehmen ist es daher inzwischen gang und gäbe, dass ein Mitarbeiter Feedback zu seinem Verhalten von seinem disziplinarischen Vorgesetzten erhält. Zu diesem Zweck sind oft jährliche Mitarbeitergespräche oder Gespräche am Ende eines Projekts institutionalisiert. Für Sie als nicht disziplinarische Führungskraft ist Feedback das Steuerungsinstrument, um das Verhalten Ihrer Teammitglieder zu beeinflussen. Schließlich können Sie ja nicht auf die ansonsten sehr verbreiteten Tools wie MbO (Management by Objectives), Anweisungen oder Richtlinien zurückgreifen. Haben Sie jedoch auch schon unerwartete Reaktionen vor allem auf ein kritisches Feedback erhalten? War Ihr

Gegenüber überrascht, verärgert, aggressiv oder einfach nur sprachlos? Nun, dann befinden Sie sich in guter Gesellschaft mit einer Reihe überraschter Führungskräfte. Was Sie bei einem Feedback beachten sollten, erläutert Ihnen das folgende Kapitel.

3.2 Erfolgsfaktoren eines Feedbacks

Sie haben ein Teammitglied in einer Situation erlebt, wobei Ihnen etwas an seinem Verhalten nicht gefallen hat. Daher möchten Sie ihm ein kurzes Feedback geben. Dann geht es Ihnen wie einem Projektleiter, der sich in der gleichen Situation befand. Versetzen Sie sich kurz in folgende, tatsächlich vorgefallene Situation:

> Ein Bereichsleiter bietet einem jungen Projektleiter an, ihn nach der Arbeit nach Hause zu fahren, da sein Auto in der Werkstatt ist. Der junge Mann steigt in den Wagen des Bereichsleiters und eröffnet das Gespräch mit folgenden Worten: „Was ich Ihnen noch sagen wollte: Ich fand es nicht gut, dass Sie in der letzten Besprechung (diese fand vor drei Wochen statt) so autoritär waren. Sie schüchtern dadurch die anderen Projektmitarbeiter ein und gefährden meinen Status als Projektleiter. Seien Sie doch weniger dominant! Was ich auch nicht so toll finde, ist, dass Sie wenig zuverlässig arbeiten. Sie hatten ja keins Ihrer Arbeitsergebnisse fertig gestellt, obwohl das doch für das Meeting vereinbart war. Es fällt mir wirklich schwer, bei den Projektmitgliedern für das Einhalten der Termine zu werben, wenn selbst Sie als Vorgesetzter sich nicht daran halten. Ich gebe Ihnen das einfach mal als Feedback. Sie können für sich ja entscheiden, was Sie davon umsetzen. Schließlich möchten doch auch Sie, dass wir das Projekt erfolgreich zu Ende führen." Der Bereichsleiter bot dem Projektleiter nicht an, ihn am nächsten Tag wieder mitzunehmen.

Aus obigem Beispiel wird deutlich, dass sowohl der Zeitpunkt für ein Feedback als auch die Art und Weise, wie man es formuliert, entscheidend dafür sind, ob es Akzeptanz beim Gegenüber findet.

Wie hätte sich nun der Projektleiter richtigerweise verhalten sollen?

Folgendes sollten Sie bei einem Feedback grundsätzlich beachten:

- Feedback zeitnah geben
- Diskretion beim Gespräch
- Abwägen von Kosten und Nutzen
- die eigene Einschätzung hinterfragen
- die richtige Dosierung
- Erfragen des Selbstbildes vor Ihrem Feedback

Die einzelnen Punkte werden im Folgenden erläutert.

Zeitnahes Feedback – Was Du heute kannst besorgen, das verschiebe nicht auf morgen

Gerade bei kritischem Feedback neigen viele – wie auch bei anderen unangenehmen Aufgaben – dazu, dieses auf die lange Bank zu schieben. Feedback ist jedoch dann besonders wirkungsvoll, wenn es zeitnah erfolgt. Sie sollten es sich daher zur Regel machen, ein Feedback möglichst kurzfristig zu geben.

Wenn Sie zu lange auf einen „günstigen" Zeitpunkt warten, kann es zum einen geschehen, dass weder Sie noch Ihr Gesprächspartner die konkrete Situation, in der das Verhalten aufgetreten ist, noch präzise erinnern. Zum anderen führt das Vertagen des Feedbacks häufig dazu, dass Sie schließlich zu der Ansicht kommen, dass das Ganze gar nicht so relevant war. Im Extremfall „vergessen" Sie, das Feedback zu geben. Das wiederum hat zur Folge, dass das Verhalten, über das Sie sich geärgert haben, sich nicht ändern wird. Ein weiteres Argument für das zeitnahe Feedback ist, dass Sie dadurch vermeiden, zum „Rabattmarkensammler" zu werden. Früher gab es so genannte Rabattmarkenhefte. Bei jedem Einkauf, den man in einem Geschäft tätigte, erhielt man für den jeweiligen Einkauf Rabattmarken. Sobald man genügend Marken gesammelt hatte, konnte man diese gegen

Waren im entsprechenden Wert eintauschen. Genau wie man früher Rabattmarken gesammelt hat, sammeln manche Personen heute ärgerliches Verhalten von Mitarbeitern. Sie speichern über einen längeren Zeitraum hinweg eine Vielzahl von Situationen und Ereignissen, die ihren Ärger oder auch ihre Frustration darüber konsequent ansteigen lässt. Eines Tages fassen sie sich dann (anlässlich eines vergleichsweise unbedeutenden Ereignisses) ein Herz und sprechen das kritische Verhalten beim Gegenüber an. Aufgrund der aufgestauten Emotionen geschieht dies dann in einer Art und Weise, die vom Gegenüber als überzogen oder gar aggressiv wahrgenommen wird. Der Gesprächspartner wundert sich dann darüber, warum die Person bei einer Kleinigkeit dermaßen „aus der Haut fährt." Um dies zu vermeiden, sollten Sie ein Sie störendes Verhalten zeitnah thematisieren. Auch unser Projektleiter hatte sich über längere Zeit schon über den Bereichsleiter geärgert. Die Vehemenz, mit der er das Verhalten des Bereichsleiters ansprach, spiegelte seinen lang angestauten Frust wider.

Diskretion – Gesichtsverlust vermeiden

Der Projektleiter hatte für sein Feedback einen Moment abgewartet, in welchem er mit dem Bereichsleiter alleine war, was prinzipiell begrüßenswert ist. Kritisches Feedback sollte selbstverständlich ausschließlich im Vier-Augen-Gespräch erfolgen. Dies ist auch der Fall, wenn es sich um eine normale Mitarbeiter-Vorgesetzten-Beziehung handelt. Wenn Sie jemandem Feedback geben wollen, der Ihnen gleich- oder überstellt ist oder bei dem es sich um einen Kunden handelt, ist äußerste Diskretion Pflicht. Dass man von seinem Vorgesetzten kritisiert wird, ist allgemein akzeptiert. Ein kritisches Feedback von einem Mitarbeiter oder einem Kollegen, gerade wenn es vor anderen geschieht, wird von vielen als Gesichtsverlust erlebt. Gedanken wie „Was nimmt dieser Mensch sich heraus? Mit welchem Recht kritisiert er mich? Wie stehe ich denn jetzt vor den anderen da? Warum muss ich mir das von ihm bieten lassen?" gehen Ihrem Gegenüber bei öffentlicher Kritik durch den Kopf. Sie wird nicht nur als unangenehm erlebt, weil Sie weht tut. Sie findet deshalb schwer Akzeptanz, weil Sie sich in den Augen des anderen etwas erlauben, was nicht Ihrer Rolle entspricht. Geschieht das nicht unter vier Augen, ist der andere nahezu automatisch dazu aufgefordert, die Kritik nicht zu akzeptieren. Täte er dies, würde er ja seiner „Erniedrigung“ durch Sie zustimmen. Daher ist Gegenwehr wahrscheinlich. Sie reduzieren die Wahrscheinlichkeit dadurch, dass Sie das Feedback unter vier Augen geben.

Neben der Tatsache, dass der Mitarbeiter bei einem Feedback, das im Vier-Augen-Gespräch erfolgt, eher sein Gesicht wahren kann, als wenn dies in der Öffentlichkeit geschieht, schützen Sie sich dadurch auch selbst davor, dass eine unerwartet heftige Reaktion Ihres Gegenübers für Sie peinlich werden könnte. Schließlich ist es ja auch für Sie vermutlich nicht erstrebenswert, von einem Kollegen oder Mitarbeiter vorgeworfen zu bekommen, dass Sie sich etwas erlauben, was Ihnen nicht zusteht.

Aus diesen beiden Gründen sollten Sie es unter allen Umständen vermeiden, Kritik vor anderen zu äußern. Dies kann dem Erfolgsfaktor Nummer 1 – dem zeitnahen Feedback – widersprechen. Meist dauert es eine ganze Weile, bis es sich „ergibt,“ dass man sich ungestört unterhalten kann. Daher der ganz pragmatische Tipp: Warten Sie nicht auf eine günstige Gelegenheit. Schaffen Sie Raum und Zeit für ein Feedback und wenn es nur fünf Minuten sind.

Am Rande sei hierbei angemerkt, dass Sie bei Lob auch auf die Diskretion verzichten können. Lob sollte zwar genauso wie Feedback zeitnah erfolgen, jedoch freuen sich die meisten Menschen darüber, wenn es ihnen vor den Augen anderer ausgesprochen wird.

Abwägen von Kosten und Nutzen

Die Tatsache, dass Sie Feedback zeitnah und häufig in kleinen Dosen anbringen, hat den positiven Effekt, dass Ihr Gegenüber schnell reagieren kann und Sie nicht unnötig Frustration und Ärger aufstauen. Doch Vorsicht! Geben Sie häufig kritisches Feedback, kann dies auch dazu führen, dass Sie als ständiger Nörgler wahrgenommen werden, der an allem und jedem herumkritisiert. Dies kann die Motivation und das Engagement Ihrer Mitarbeiters beeinträchtigen oder auch dazu führen, dass man Ihre Kritik nicht mehr ernst nimmt – nach dem Motto „Der hat doch immer was zu meckern!“ In diesem Fall verpufft Ihr Feedback, ohne seine Wirkung zu entfalten.

Daher sollten Sie kritisch hinterfragen, ob es sich bei dem Verhalten, das Sie als kritisch betrachten, tatsächlich um etwas so Bedeutendes handelt, dass Sie es in jedem Fall zurückmelden sollten. Wägen Sie daher stets ab, ob sich potenzielle negative Reaktionen des Mitarbeiters auf Ihr Feedback lohnen. Fragen Sie sich: Würde sich durch eine Verhaltensänderung des Teammitglieds als Ergebnis des Feedbacks die Situation für Sie und/oder andere deutlich verbessern oder stört Sie ein Verhalten „nur,“ fällt aber nicht weiter ins Gewicht?

Die eigene Einschätzung hinterfragen

Einen weiteren Faktor sollten Sie bedenken, bevor Sie Feedback geben. Wir neigen dazu, bei Personen, mit denen wir weniger gut zurechtkommen, Fehler besonders schnell und deutlich zu sehen. Bei Personen, denen wir positiv gegenüber stehen, nehmen wir problematisches Verhalten deutlich weniger wahr oder interpretieren es großzügiger. Da wird ein Patzer, bei dem Sie bei einem weniger geschätzten Mitarbeiter von einer Ungeheuerlichkeit gesprochen hätten, recht schnell das Resultat eines „schlechten Tags, und den hat ja wohl jeder mal!“

Fragen Sie sich also vor jedem Feedback, ob Ihre Einstellung dem Teammitglied gegenüber nicht dessen Verhalten in einem besonders hellen oder dunklen Licht erscheinen lässt. Ein gutes Mittel zum Abgleich der eigenen Wahrnehmung ist dabei, andere nach deren Bewertung des Verhaltens zu fragen. Nehmen nur Sie das Teammitglied als besonders dominant, aggressiv, lustlos o. Ä. wahr, oder geht es auch anderen so?

Ehrlichkeit ja, aber auf die richtige Dosierung kommt es an

Gerade wenn Sie sich über ein Verhalten eines Teammitglieds besonders ärgern, ist es gut möglich, dass sich bei Ihnen eine gewisse Gereiztheit einstellt. Stellen Sie sich vor, dass ein Mitarbeiter beispielsweise nicht nur unzuverlässig ist und seine Arbeitsergebnisse nicht in der geforderten Qualität liefert, er kommt darüber hinaus immer wieder zu spät zu Meetings und ist keine echter Teamplayer. Es ist nur zu verständlich, dass Sie dann eines Tages an den Punkt kommen, an dem Sie sich denken „Es reicht!“

Die Gefahr ist jedoch groß, dass Sie dann mit der Vorstellung in das Feedbackgespräch gehen, nun reinen Tisch zu machen, und sich vornehmen, alle Ihnen wichtigen Punkte anzusprechen. Wenn dem so ist, sinken die Chancen, dass dieses Gespräch konstruktiv verläuft. Noch geringer ist die Wahrscheinlichkeit, dass ein so kritisiertes Teammitglied nach dem Gespräch sein Verhalten tatsächlich ändert. Wenn Sie schonungslos alle Sie störenden Kritikpunkte anbringen, muss das Teammitglied fast zwangsläufig zum Zwecke des Selbstschutzes „dicht“ machen. Die Konfrontation mit allzu vielen Kritikpunkten führt dann eher zu Abwehr als in ein konstruktives Gespräch zu münden. Daher selektieren Sie im Vorfeld, welche Punkte Sie wirklich ansprechen wollen. Unterteilen Sie dabei in „Muss-“ und „Kann-Themen.“ Sie wählen also aus, welche der heißen Themen Sie offen auf den Tisch legen, weil sich der Aufwand lohnt und über welche Themen Sie eher den Mantel des Schweigens legen. Vielleicht denken Sie in diesem Moment „Aber das ist doch nicht ehrlich.“ Dabei darf aber nicht Ehrlichkeit mit Offenheit verwechselt werden. Natürlich sollte eine Führungskraft Themen ehrlich schildern, also nicht sagen, es sei alles in Ordnung, obwohl das Verhalten des Teammitglieds als störend empfunden wird. Dies bedeutet allerdings nicht, dass wirklich alle Punkte thematisiert werden müssen. Auf die Frage „Gibt es sonst noch etwas, was Sie stört?“ ist es durchaus legitim, zu antworten: „Das waren die wirklich wichtigen Themen. Natürlich gibt es hin und wieder Situationen, in denen Sie anders handeln, als ich selbst das täte, aber das empfinde ich als nicht so gravierend. Wenn sich in den eben angesprochenen Themen Veränderungen einstellen, fände ich das sehr hilfreich." Den Vorteil, den Sie als nicht disziplinarische Führungskraft in dieser Situation haben, ist, dass Sie nicht für langfristige und grundsätzliche Entwicklungen bei Ihrem Teammitglied verantwortlich sind. Es geht Ihnen vorrangig darum, kurzfristige Veränderungen zu bewirken, die Sie in Ihren Aktivitäten unterstützen. Insofern ist es legitim, wenn Sie sich auf die Kernpunkte konzentrieren.

Unser Projektleiter hatte sich für das Gespräch deutlich zu viele Punkte für sein Feedback vorgenommen. Er hätte sich im Vorfeld überlegen sollen, welche Verhaltensänderung des Bereichsleiters für ihn am wertvollsten wäre. Auch wenn es mehrere Kritikpunkte gab, wäre es für ihn sinnvoll gewesen, sich auf ein oder zwei Hauptpunkte zu konzentrieren.

Zu viel Kritik wird von anderen häufig als Druck erlebt und ruft mit großer Wahrscheinlichkeit Gegendruck hervor. Wenn Sie sich auf die Kernpunkte konzentrieren, erreichen Sie oftmals mehr, als wenn Sie versuchen, zu viele Themen auf einmal anzusprechen.

Zu Beginn das Selbstbild des Feedbacknehmers abrufen – Nicht mit der Tür ins Haus fallen

Bevor Sie einem anderen Feedback geben, sollten Sie sich ein klares Bild davon verschaffen, wie dieser sich selbst einschätzt. Dies bedeutet: Als erstes sollten Sie etwas über sein Selbstbild herausfinden. Dieses kann deutlich von Ihrer Einschätzung des Verhaltens des Mitarbeiters abweichen. Die Wahrscheinlichkeit hierfür ist bei Ihnen als nicht disziplinarische Führungskraft recht groß. Oftmals kennen Sie Ihr Teammitglied nicht so gut wie eine disziplinarische Führungskraft, die langjährig mit dem Mitarbeiter zusammen arbeitet und sich intensiv mit ihm und seiner Persönlichkeit auseinander setzen muss. Folgende Konstellationen sind dabei vorstellbar:

	Selbstbild = **Selbsteinschätzung seines Verhaltens durch den Mitarbeiter**	**Fremdbild =** **Einschätzung seines Verhaltens durch Sie**
Fall 1	**+**	**+**
Fall 2	**-**	**+**
Fall 3	**-**	**-**
Fall 4	**+**	**-**

Abbildung 5: „Abgleich Fremdbild – Selbstbild"

Aus obiger Darstellung ist erkennbar, welche Konstellationen es bei dem Vergleich von Fremd- und Selbstbild geben kann. Ein „+" signalisiert hierbei eine positive Wahrnehmung des Verhaltens, ein „-" eine negative.

Fall 1: Lob für eine Leistung, die man selbst als gut erlebt – Positives Selbstbild und Fremdbild

Der erste oben dargestellte Fall ist vollkommen unkritisch. Das „++" bedeutet, dass sowohl die Gesprächspartner als auch Sie mit dem gezeigten Verhalten sehr zufrieden sind. Wenn Sie Ihrem Gesprächspartner hierzu ein Feedback geben, wird er sich vielleicht sogar darüber freuen. Achten Sie darauf, dass bei Ihnen als nicht disziplinarische Führungskraft Themen, bei denen sowohl Fremd- als auch Selbstbild positiv sind, nicht zu kurz kommen, nach dem Motto: Dann passt ja alles, das müssen wir ja nicht vertiefen. Ganz im Gegenteil, Lob ist wichtig, um das Verhalten Ihres Teammitglieds zu be- und verstärken (siehe hierzu auch das Ende des Kapitels, in welchem auf das Thema Loben eingegangen wird).

Fall 2: Hohe Selbstkritik – Negatives Selbstbild und positives Fremdbild

Die zweite Konstellation tritt dann ein, wenn Ihr Gegenüber seinem eigenen Verhalten deutlich kritischer gegenüber steht, als Sie das tun. Dies ist z. B. häufig dann der Fall, wenn Sie jemandem Feedback zu einer Präsentation geben, die er gerade gehalten hat. Oft beurteilt derjenige, der die Präsentation gehalten hat, diese schlechter als Außenstehende. Er war sehr nervös und befürchtet, dass die Nervosität von anderen wahrgenommen wurde und diese daher die Präsentation als unprofessionell erlebt haben. Die innere Unruhe, die jemand bei einer Präsentation verspürt, ist jedoch von außen nur äußerst selten spürbar, so dass ein Feedback hier häufig lautet: „Tatsächlich? Sie waren sehr nervös? Das hat man Ihnen gar nicht angesehen. Sie wirkten sehr kompetent."

Fall 3: Kritik an einem Verhalten, mit dem der Mitarbeiter selbst nicht zufrieden ist – Negatives Selbstbild und Fremdbild

Die dritte Konstellation drückt aus, dass sowohl Sie als auch Ihr Gesprächspartner dessen Verhalten oder Leistung als optimierbar einschätzen. In diesem Fall läuft ein Feedback, auch dann, wenn es von Ihnen nicht erwartet wird, häufig konstruktiv und unproblematisch ab. Sie melden Ihrem Gesprächspartner nur etwas zurück bzw. bestätigen ihm etwas, was er selbst schon wusste. Sie brauchen nicht mehr zu besprechen, ob etwas negativ war, sondern was in Zukunft zu tun sein wird.

Fall 4: Überschätzung oder blinder Fleck – Positives Selbstbild und negatives Fremdbild

Als besonders schwierig entpuppt sich häufig der letzte der oben dargestellten Fälle. Das „+" signalisiert, dass Ihr Gesprächspartner sein eigenes Verhalten positiv bewertet, im Extremfall vielleicht sogar stolz darauf ist. Sie hingegen erleben das Verhalten als problematisch und würden es gerne verändern. Das Feedback ist in diesen Situationen mit einem besonderen Fingerspitzengefühl zu formulieren. Damit Ihnen das gelingen kann, müssen Sie jedoch vorher herausfinden, wie Ihr Gegenüber sein eigenes Verhalten bewertet. Dies bedeutet, bevor Sie ein Feedback geben, sollten Sie sich zunächst immer einen Überblick darüber verschaffen, wie der andere sein Verhalten selbst einschätzt.

Wie erfahren Sie nun, wie es um das Selbstbild Ihres Teammitglieds bestellt ist? Wie eröffnen Sie ein Gespräch, um möglichst schnell ein Gespür dafür zu bekommen, wie er sein Verhalten erlebt? Die einfachste Vorgehensweise hierfür ist selbstverständlich zu fragen. Hierbei sollten Sie auf das konkrete Verhalten in der Situation abzielen. So können Sie beispielsweise nach einer Präsentation das Gespräch konkret damit beginnen, dass Sie Ihr Teammitglied fragen:

- Wie haben Sie die Präsentation empfunden?
- Wie ging es Ihnen dabei?
- Was hat Ihnen an Ihrer Präsentation gefallen?
- Was hat Ihnen weniger gefallen?
- Wenn Sie die Präsentation noch mal halten würden, was würden Sie anders machen?
- Wie zufrieden sind Sie?
- Was denken Sie, wie die Präsentation angekommen ist?

Sie sollten sich mit Ihrer eigenen Einschätzung so lange zurückhalten, bis Sie ein klares Bild von der Selbsteinschätzung Ihres Teammitgliedes haben. Dabei kann es hilfreich sein, nicht nur eine der obigen Fragen zu stellen, sondern mehrere.

In den bisherigen Beispielen ging es vorwiegend darum, dass Sie einen einzelnen Kritikpunkt angesprochen haben. Manchmal möchten Sie insgesamt die Zusammenarbeit mit jemandem thematisieren. Dies ist insbesondere dann der Fall, wenn es wiederholt zu sehr ähnlichen oder sehr vergleichbaren Reibereien kommt. Derartige „Grundsatzdiskussionen" fallen Ihnen jedoch nicht leicht, und Sie wissen nicht, wie Sie ein derartiges Gespräch angehen sollen? Vielleicht hört sich das Ganze für Sie zu sehr nach Problemgespräch an, was Sie als unangenehm empfinden. Ein Kritikgespräch im Sinne einer Rundum-Beurteilung obliegt auch eher dem Vorgesetzten. Jedoch kommen Sie manchmal nicht um eine Aussprache umhin. Ein Kritikgespräch macht beispielsweise zum Ende eines Projektes Sinn, um die Zusammenarbeit für zukünftige Projekte zu verbessern. Sie leiten dies am besten mit folgenden Fragen ein:

- Ich möchte mit Ihnen unsere bisherige Zusammenarbeit besprechen. Was daran haben Sie positiv erlebt, was weniger positiv?
- Ich möchte Ihnen ein Feedback geben, wüsste aber gerne zunächst von Ihnen, wie Sie unsere bisherige Zusammenarbeit einschätzen. Schildern Sie mir doch einmal Ihre Eindrücke.
- Ich möchte gerne mit Ihnen ein Resümee über unsere bisherige Zusammenarbeit ziehen. Beschreiben Sie mir das Ganze doch einmal aus Ihrer Sicht.

In einem umfassenden Gespräch zur Zusammenarbeit ist es äußerst wahrscheinlich, dass Ihr Teammitglied zumindest punktuell über eine andere Sicht der Dinge verfügt als Sie. Daher ist er hier unerlässlich, sich einen Eindruck von der Wahrnehmung des Teammitglieds zu verschaffen.

Unser Projektleiter hatte vollkommen unterlassen, seinen Bereichsleiter nach dessen Sicht der Dinge zu befragen. Hätte er dies getan, hätte er schnell ein Bild davon erhalten, ob der Morgen tatsächlich ein guter Zeitpunkt war, um ein derartiges Gespräch zu führen. Darüber hinaus hätte er ein Gespür dafür entwickelt, ob der Bereichsleiter einem Feedback des Projektleiters gegenüber grundsätzlich positiv eingestellt war. Er hätte auch herausgefunden, ob sich der Bereichsleiter seines eigenen Verhaltens bewusst war oder ob es sich dabei um einen blinden Fleck handelte.

Diesen Fehler können Sie vermeiden, indem Sie Ihre Gesprächspartner – wie oben dargestellt – auffordern, seine Sicht der Dinge zu erläutern. Und dann sind Sie am Zug.

3.3 Feedback-Regeln

Um Feedback für einen anderen akzeptabel zu machen, kommt es auch ganz entscheidend darauf an, wie Sie es formulieren. Hierbei sollten Sie stets die folgenden Feedback-Regeln einhalten.

1. Schildern Sie konkretes Verhalten.
2. Schildern Sie die Auswirkungen und Konsequenzen des Verhaltens.
3. Geben Sie Tipps und Alternativen für das Verhalten, nennen Sie Wünsche bzw. Erwartungen.

Diese Feedback-Regeln sind weit verbreitet, finden jedoch zu selten Anwendung in der Praxis. Daher werden sie nochmals konkretisiert.

Konkretes Verhalten schildern

Sie sollten Feedback so formulieren, dass Ihr Gegenüber dieses nicht als Angriff auf seine Person bewertet. Das gelingt Ihnen dann, wenn Sie sich darauf beziehen, wie sich Ihr Gegenüber in einer bestimmten Situation verhalten hat. Dazu verwenden Sie am besten Verben, erläutern also: „Sie haben Folgendes getan, gemacht, gesagt, etc." Kontraproduktiv ist es, wenn Sie Persönlichkeitsbeschreibungen verwenden, wozu Sie normalerweise Adjektive einsetzen, wie z. B. „Sie sind autoritär, unfreundlich, unpünktlich, wenig teamorientiert etc." Das Formulieren mit Hilfe von Verben hat auch den Vorteil, dass Ihr Gegenüber gut nachvollziehbare Hinweise darauf erhält, was er konkret an seinem Verhalten ändern kann oder sollte.

Unser Projektleiter teilte dem Bereichsleiter mit, er sei dominant. Hätte er geschildert, welches Verhalten er damit meinte, wäre das Feedback deutlich weniger brüskierend bei seinem Gesprächspartner angekommen. Eine zentrale Regel, die der Projektleiter hätte einhalten sollen, lautet: „Erst beschreiben, dann bewerten."

Wirkung und Konsequenzen des Verhaltens

In einem Feedback sollten Sie jedoch nicht nur das Verhalten Ihres Gegenübers ansprechen, sondern ihn auch darüber informieren, wie dieses Verhalten auf Sie wirkt. Diese Unterscheidung ist insofern wichtig, als ein und dasselbe Verhalten hochgradig unterschiedlich wahrgenommen werden kann. So kann das Verhalten, das der Bereichsleiter in unserem Beispiel an den Tag gelegt hat, als unhöflich, autoritär oder eben auch dominant bewertet werden. Dies ist in hohem Maße davon abhängig, in welcher (Unternehmens-) Kultur es gezeigt wird. Durch das Differenzieren zwischen dem Verhalten einerseits und der Wirkung dieses Verhaltens andererseits geben Sie Ihrem Gegenüber die Chance, für sich selbst zu reflektieren, ob er diese Wirkung tatsächlich erreichen will. So ist es gut vorstellbar, dass der Bereichsleiter tatsächlich dominant auftreten möchte. In diesem Fall wird er wenig Motivation verspüren, sein Verhalten zu ändern. Es ist jedoch auch denkbar, dass es dem Bereichsleiter unangenehm ist, so wahrgenommen zu werden. Dann steigt die Wahrscheinlichkeit, dass er Bereitschaft zeigt, sein Verhalten zu ändern. Um das Verhalten Ihres Gegenübers tatsächlich zu ändern, ist es oft nicht hinreichend, dass Sie lediglich schildern, wie das Verhalten auf Sie wirkt. Damit sich eine substanzielle Verhaltensänderung bei Ihrem Gegenüber einstellt ist es häufig notwendig, dass Sie ihm die Konsequenzen seines Verhaltens deutlich vor Augen führen. Dies führt dazu, dass Ihr Gegenüber sein Verhalten auch selbst als problematisch erlebt und steigert die Bereitschaft, dies auch zu ändern.

Tipps und Alternativen bzw. Wünsche und Erwartungen

Häufig sind Gesprächspartner verblüfft von Feedback. Daher erleben Sie es als hilfreich, wenn sie konkrete Tipps und Ideen dazu erhalten, wie sie ihr Verhalten ändern können bzw. wenn sie erfahren, welches Verhalten in dieser Situation als adäquat erscheint. Achten Sie jedoch darauf, dass Sie dabei nicht besserwisserisch oder oberlehrerhaft auftreten, sondern begreifen Sie Ihre Tipps als ein Angebot, das der andere annehmen kann, aber nicht muss. Genauso können Sie am Ende eines Feedbacks Ihre Erwartungen äußern. Welche Wünsche haben Sie in Bezug auf sein Verhalten an Ihr Teammitglied? Welches alternative Verhalten hätte welche Vorteile für Sie? Diese Tipps und Erwartungen werden besonders dann gerne umgesetzt, wenn Sie als Ratgeber bei Ihrem Gegenüber gut positioniert sind. Hilfreich kann dabei auch sein, dass Sie Ihr Gegenüber im Vorfeld fragen, ob er sich Tipps wünscht oder nicht.

Wir erinnern uns, was unser Projektleiter seinem Bereichsleiter frühmorgens an den Kopf warf: „Ich finde es nicht gut, dass Sie in den Besprechungen so autoritär sind. Sie schüchtern dadurch die anderen Projektmitarbeiter ein und gefährden meinen Status als Projektleiter. Seien Sie doch weniger dominant." Das konsequente Anwenden der Feedback-Regeln hätte zu folgender Aussage geführt: „Sie haben in der Besprechung große Redeanteile. Darüber hinaus unterbrechen Sie die anderen Projektmitglieder meines Erachtens sehr häufig. Dabei verwenden Sie Aussagen wie: „Das ist doch Unsinn, was Sie da sagen." Dadurch wirken Sie auf mich sehr dominant. Die anderen Projektmitarbeiter können sich dadurch weniger einbringen. Ich fände es schön, wenn Sie Ihre eigenen Redeanteile ein wenig reduzieren könnten und Kritik an andere etwas umsichtiger formulieren würden."

Auch diese Formulierung hätte nicht zwangsläufig dazu geführt, dass der Bereichsleiter sich einsichtig gezeigt hätte. Dies ist schließlich stark von der eigenen Einschätzung des Bereichsleiters abhängig – und davon, inwieweit er grundsätzlich über die Bereitschaft verfügt, an sich selbst zu arbeiten. Die deutlich diplomatischere und verhaltensnähere Formulierung des Feedbacks macht es jedoch leichter, ein negatives Feedback anzunehmen.

Wenn jedoch eine starke Diskrepanz zwischen Selbst- und Fremdbild besteht, sind Ihre weiteren Schritte gut zu überlegen. Diese sind im hohen Maße abhängig von der Reaktion Ihres Gegenübers.

3.4 Tipps zum Umgang mit Reaktionen auf Ihr Feedback

Auch wenn es Ihnen gelingt, Feedback klar und konstruktiv zu formulieren, wird ein Feedback dann herausfordernd für Sie, wenn Sie mit unangenehmen, heftigen oder überraschenden Reaktionen Ihres Teammitglieds konfrontiert werden. Diese intensiven Reaktionen treten dann auf, wenn Ihre Teammitglieder Kritik nicht offen gegenüber stehen oder Sie als Feedbackgeber nicht ausreichend positioniert sind. Gerade als nicht disziplinarische Führungskraft müssen Sie in Situationen, in denen Mitarbeiter bei ihrem disziplinarischen Vorgesetzten einfach geschwiegen und „Jawohl, Chef!" gesagt hätten, mit abwehrenden Reaktionen rechnen. Nachfolgend erhalten Sie die wichtigsten Tipps zum Umgang mit diesen Reaktionen.

Die Reaktion der Mitarbeitertypen auf Ihr Feedback und wie Sie damit umgehen

Die im ersten Kapitel beschriebenen Mitarbeitertypen weisen, wenn Sie nicht offen für Feedback sind, sehr unterschiedliche Reaktionen auf. Diesen Reaktionen sollten Sie dementsprechend unterschiedlich begegnen.

Der Macher

Der Macher tut sich schwer damit, Feedback in Form von Kritik zu akzeptieren. Es bereitet ihm eher Schwierigkeiten, Fehler einzugestehen und zuzugeben, dass er etwas falsch gemacht hat. Daher besteht die Herausforderung für Sie darin, zunächst einmal zu verdeutlichen, dass das Verhalten des Machers nicht akzeptabel ist bzw. geändert werden soll. Die Wahrscheinlichkeit ist groß, dass er sein Fehlverhalten nicht einsieht, es abstreitet oder versucht, Sie davon zu überzeugen, dass Sie mit Ihrem Urteil falsch liegen. Wenn Ihr Feedback für ihn jedoch einsichtig und nachvollziehbar ist, bietet der Macher den Vorteil, dass er selbst in hohem Maße daran interessiert ist, sein eigenes Verhalten zu optimieren. Schließlich ist er an ein Weiterkommen und seiner Karriere interessiert. Um der Karriere und des Erfolges willen ist er gerne bereit, sein Verhalten zu ändern. Schwierig wird es für den Macher, ein Feedback zu akzeptieren, wenn er das Gefühl hat, dass es ihm als Zeichen der Schwäche ausgelegt wird. Es gilt daher, das Feedback so zu formulieren, dass der Macher für sich selbst immer noch den Eindruck hat, dass er die Fäden in der Hand hält.

Wie gehen Sie mit der Reaktion des Machers um?

- Führen Sie dem Macher vor Augen, welche negativen Konsequenzen sein Verhalten für sein Fortkommen/seine Karriere haben könnte.
- Verdeutlichen Sie ihm, dass eine Person von „seinem Kaliber“ doch mit Leichtigkeit sein Verhalten umstellen kann.
- Achten Sie besonders darauf, beim Feedback den Macher „nicht zu klein zu machen.“ Wenn Sie allzu bedrohlich vorgehen, weckt das eher den Kampfgeist des Machers.

Der Expressive

Der Expressive fasst Kritik und negatives Feedback leicht als persönliche Beleidigung auf. Grundsätzlich ist er der Überzeugung, dass es niemandem zusteht, ihn zu kritisieren. Dies käme ja einer Majestätsbeleidigung gleich. Auf Kritik reagiert er emotional, dramatische Abgänge sind nicht selten. Er kann auch dazu neigen, zu polemisieren. Aussagen wie „Das muss ich mir nicht bieten lassen.“, „So kann man nicht mit mir umgehen.“ etc. sind nicht unüblich für ihn. Es ist weiterhin möglich, dass er ein großes Aufheben um die Kritik macht. Potenziell kann er auch damit drohen, sich über Sie bei anderen zu beschweren.

Wie gehen Sie mit der Reaktion des Expressiven um?

Zunächst einmal sollten Sie immer darauf achten, dass Sie einem Expressiven in besonderem Maße Wertschätzung entgegenbringen müssen. Er benötigt das Lob und die Anerkennung wie eine Diva den Applaus. Daher muss man bei einem Expressiven in puncto Lob und Anerkennung häufig etwas dicker auftragen. Wie kann es Ihnen dennoch gelingen, dass bei all diesem Lob und dieser Wertschätzung ein Feedback akzeptiert wird? Kritik müssen Sie klar zum Ausdruck bringen. Gleichzeitig sollten Sie dem Expressiven explizit vermitteln, dass Sie ihn als Person weiterhin wertschätzen und auf eine konstruktive Zusammenarbeit mit ihm in besonderem Maße Wert legen. In dieser Kombination ist kritisches Feedback für ihn am ehesten akzeptabel.

Darüber hinaus sollten Sie sich nicht von den emotionalen Ausbrüchen des Expressiven verunsichern lassen. Oft handelt es sich dabei um einen temporären Zustand, den der Expressive relativ schnell ablegen kann. Dies bedeutet, er tobt kurz aber heftig, und am nächsten Tag geht er wieder mit dem ihn auszeichnenden Elan ans Werk. Sobald der dramatische Auftritt vorüber ist, lässt sich mit dem Expressiven wieder gut zusammenarbeiten. Ihre Herausforderung besteht darin, tatsächlich das Feedback anzubringen, obwohl Sie mit einer derart heftigen Reaktion rechnen müssen, und gleichzeitig auf die emotionalen Ausbrüche des Expressiven nicht zu reagieren. Wenn Sie das Feedback präzise übermittelt haben, ist die Wahrscheinlichkeit auch groß, dass der Expressive Bereitschaft für eine Verhaltensänderung zeigt.

Der Beständige und Integrative

Bei dem Beständigen und Integrativen ist es eher unwahrscheinlich, dass Sie eine leicht wahrnehmbare Reaktion auf kritisches Feedback erhalten. Er wird Kritik eher schlucken und schnell zusichern, dass er sich in Zukunft anders verhalten wird. Dieses vermeintlich glimpflich verlaufende Feedback birgt jedoch Gefahren. Der Beständige und Integrative interpretiert Kritik an seinem Verhalten häufig so, dass Sie als Teamleiter oder Führungskraft ihn nicht mehr mögen. Er fühlt sich verletzt und betrachtet Ihre Kritik eventuell sogar als Vertrauensbruch. Ihnen gegenüber äußert er seine Enttäuschung nicht. Tatsächlich nimmt er sich jedoch die Kritik stark zu Herzen. Vielleicht bespricht er sie mit seinen Kollegen oder im privaten Bereich. Sie selbst bekommen jedoch nicht mit, wie sehr Sie Ihren Mitarbeiter getroffen haben. Im Extremfall kann das dazu führen, dass Sie den Mitarbeiter verlieren, ohne zu verstehen, warum.

Wie gehen Sie mit der Reaktion des Beständigen und Integrativen um?

Da Sie vom Beständigen und Integrativen keine offene Reaktion auf Ihre Kritik erhalten, ist es Pflicht, dass Sie diese hervorrufen.

- Fragen Sie also den Mitarbeiter, wie er die Kritik interpretiert. Fragen wie „Was geht Ihnen jetzt durch den Kopf?“, „Wie geht es Ihnen am Ende des Gesprächs?“, „Wie fühlen Sie sich jetzt?“, „Was denken Sie?“ sind gut dazu geeignet, um sich ein Bild von dem Innenleben Ihres Mitarbeiters zu verschaffen.

- Darüber hinaus sollten Sie gegenüber dem Beständigen und Integrativen betonen, dass Sie ihn nach wie vor für einen guten, zuverlässigen Mitarbeiter halten.

- Weiterhin sollten Sie ihm offen Unterstützung anbieten, um eine Verhaltensänderung in den Griff zu bekommen.
- Signalisieren Sie weiterhin dem Beständigen und Integrativen, dass Sie ein offenes Ohr für ihn haben und jederzeit ansprechbar sind. Selbstverständlich ist es hierbei wichtig, dass Sie diese Aussagen tatsächlich einhalten.

Der Analytiker

Kritisches Feedback mit dem Analytiker gestaltet sich oft deswegen schwierig, weil der Analytiker Ihr Feedback detailliert hinterfragen wird. Für ihn nicht nachvollziehbare Aussagen wird er in keinem Fall im Raum stehen lassen. Er verlangt nach hieb- und stichfesten Argumenten, hinterfragt, ob Sie den richtigen Maßstab anlegen und zweifelt daran, dass Sie über die Kompetenz und alle Fakten verfügen, um sein Verhalten richtig einzuschätzen. Daher gestalten sich Feedbackgespräche mit dem Analytiker oft zäh und langwierig. Dabei kann es geschehen, dass Sie in Argumentationsnotstand kommen. Im Vorfeld zu einem Kritikgespräch mit einem Analytiker empfiehlt es sich daher, in besonderem Maße Fakten und Belege für Ihre Standpunkte zu sammeln. Es ist weiterhin möglich, dass der Analytiker sarkastisch reagiert, wenn ihm klar wird, dass Ihre Argumentation bzw. Sichtweise tatsächlich richtig ist. Aussagen wie „Dass Sie als Teamleiter das so sehen müssen, ist mir klar." oder „Ich wusste gar nicht, dass ich hier unter der Beobachtung von Big Brother stehe." können potenziell eine emotionale Gegenreaktion bei Ihnen hervorrufen.

Wie gehen Sie mit der Reaktion des Analytikers um?

Für ein Feedbackgespräch mit dem Analytiker sollten Sie sich vornehmen, die Diskussion nicht ausufern zu lassen. Halten Sie sich vor Augen, dass es sich bei dem Feedback um Ihre subjektive Wahrnehmung handelt – ein anderer Teamleiter würde das gleiche Verhalten eventuell anders beurteilen. Lassen Sie sich aber nicht auf die Diskussion ein, ob Ihre Wahrnehmung oder Ihre Maßstäbe richtig sind. Es ist weiterhin auch nicht sinnvoll, mit dem Analytiker um Definitionen für ein richtiges Arbeitsverhalten zu ringen. Betonen Sie, dass es sich um Ihre Meinung und Einschätzung handelt, und konzentrieren Sie sich darauf, die Wirkung des Verhaltens des Analytikers heraus zu stellen. Wenn Sie mit der Argumentation nicht weiterkommen, beenden Sie das Gespräch am besten mit den Worten: „Ich habe Ihnen mein Feedback gegeben. Es wäre schön, wenn Sie sich die Zeit nehmen würden, das Ganze mit etwas Distanz noch einmal zu durchdenken." Besonders vorsichtig sollten Sie sein mit den sarkastischen Attacken des Analytikers. Wie Sie damit am besten umgehen, erfahren Sie später in dem Abschnitt „Umgang mit toten Fischen".

Unabhängig von den verschiedenen Mitarbeitertypen gibt es jedoch typische Reaktionen auf kritisches Feedback und klassische Fallen, in die Führungskräfte immer wieder hineinfallen. Diese werden nachfolgend erörtert.

Fragen – und dann zuhören!

Ihr Gegenüber kann bereits durch die Tatsache, dass Sie ihn um eine Selbsteinschätzung bitten, überrascht sein, was stark davon abhängig ist, inwieweit er es gewohnt ist, über seine eigene Leistung oder über sein Verhalten mit anderen zu sprechen. Ziemlich wahrscheinlich ist es weiterhin, dass Ihr Gegenüber nicht „wie aus der Pistole geschossen" antwortet. Die Reflektion des eigenen Verhaltens benötigt häufig ein wenig Zeit. Dies führt dazu, dass, nachdem Sie Ihren Mitarbeiter zu Beginn eines Gespräches nach dessen Sicht der Dinge gefragt haben, ein Schweigen eintritt. Dieses Schweigen wird von demjenigen, der die Frage gestellt hat, häufig als unangenehm empfunden. Er interpretiert das Schweigen häufig dahingehend, dass er eine „falsche" Frage gestellt hat. Einen Fehler, den viele dann begehen, ist, dass sie noch eine oder gar mehrere Fragen anfügen. Häufig folgen dann geschlossene Fragen. Dies wiederum führt dazu, dass der Gegenüber sich diejenige heraussucht, die er am leichtesten beantworten kann.

Konkret sieht das dann folgendermaßen aus:

> Teamleiter: „Wie ist es Ihnen in der Präsentation gegangen?"
> Teammitglied: Kurzes Überlegen und Luftholen
> Teamleiter: „Waren Sie denn aufgeregt? Es hat Sie doch nicht stark irritiert, dass Herr X zweimal nachgefragt hat? War das denn Ihre erste Präsentation vor so einer Runde, oder machen Sie so etwas öfter?"
> Teammitglied: „Nein, das war das erste Mal."

So erfährt der Teamleiter nicht, was ihn eigentlich interessiert.

Auch wenn Sie Ihr Teammitglied mit einer überraschenden oder sehr heftigen Kritik konfrontieren, ist es gut möglich, dass der Mitarbeiter zunächst schweigt. Hier ist die Gefahr groß, dass Sie weiterreden. Sie erläutern, relativieren, schränken ein. Dadurch verwässern Sie Ihr Feedback eher, als dass Sie Klarheit herbeiführen.

Bedenken Sie: Wenn Sie eine komplexe Frage stellen, wird Ihr Gegenüber einige Zeit für die Antwort benötigen. Er muss zunächst einmal nachdenken, sich erinnern, bewerten, treffende Worte auswählen. Dies benötigt Zeit. Auf einfache Fragen, fällt es hingegen leicht, schnell und spontan zu antworten. Auch wenn Sie das Verhalten eines anderen kritisieren, tritt naturgemäß ein Moment der Stille ein. Dies ist umso wahrscheinlicher, je heftiger die Kritik ist oder je besser Sie den Nagel auf dem Kopf treffen, wenn Sie also einen wunden Punkt des Mitarbeiters treffen. Es ist nur natürlich, dass Sie das für Sie unangenehme Schweigen unterbrechen möchten. Tun Sie dies jedoch nicht. Lassen Sie den anderen zu Wort kommen.

Hierfür ein ganz pragmatischer Tipp: Wenn eine Gesprächspause auf Ihre Frage oder Ihr Feedback entsteht, dann zählen Sie einfach innerlich bis zehn. Das dann eintretende Schweigen ist auch für Ihren Gesprächspartner unangenehm, und er wird spätestens, wenn Sie bei sieben angekommen sind, auf Ihre Frage antworten. So stellen Sie sicher, dass sich tatsächlich ein Gespräch entwickelt, bei dem beide zu Wort kommen.

Worthülsen knacken – durch Einhalten der Feedback-Regeln

Insbesondere, wenn es um ein weniger greifbares Thema wie Zusammenarbeit geht, kann es gut sein, dass Sie und Ihr Gesprächspartner nicht die gleiche Sprache sprechen, um verschiedene Zustände zu beschreiben. So haben Sie eventuell ein anderes Bild von einer konstruktiven Zusammenarbeit als Ihr Gesprächspartner, verfügen über unterschiedliche Werte bei der Beurteilung der Aggressivität eines Verhaltens oder bewerten Verhalten gegenüber dem Kunden anders als Ihr Gesprächspartner. Folglich müssen Sie gemeinsam mit Ihrem Gesprächspartner klar definieren, worüber Sie eigentlich mit ihm sprechen.

> Beispiel:
> Herr Spicher leitet ein Projekt, im Rahmen dessen ihm ein Mitarbeiter aus der EDV-Abteilung, Herr Kirsch, zuarbeiten soll. Er liefert seine Arbeitsergebnisse nicht fristgerecht ab, was Herr Spicher auf dessen chaotische Arbeitsweise zurück führt.
> Herr Spicher gibt das Feedback auf folgende Art und Weise: „Herr Kirsch, ich möchte gerne mit Ihnen über unsere Zusammenarbeit sprechen. Wie erleben Sie diese?“
> Herr Kirsch: „Ich denke, insgesamt ist die Zusammenarbeit sehr gut. Sie haben ja einen äußerst kooperativen Führungsstil. Es ist nicht immer möglich, alles unter einen Hut zu bringen, aber bislang haben wir ja alles einigermaßen geschafft.“
> Herr Spicher: „Schön, auch ich bin insgesamt recht zufrieden. Ich erlebe die Zusammenarbeit mit Ihnen sehr positiv, denke aber, Sie könnten sich die Arbeit erleichtern, wenn Sie besser organisiert wären und Ihre Aufgaben systematischer und strukturierter bearbeiten würden.“
> Herr Kirsch: „Was soll das heißen, systematischer und strukturierter arbeiten?“

> Herr Spicher: „Es ist wiederholt vorgekommen, dass ich nachhaken musste, damit ich von Ihnen die Arbeitsergebnisse erhalten habe. Sie liefern Vorgänge häufig erst auf Nachfrage."
> Herr Kirsch: „Das ist doch Ihr Job als Projektleiter, nachzuhaken."
> Herr Spicher: „Natürlich ist das mein Job, aber Sie als Projektmitarbeiter könnten ruhig auch ein wenig pro-aktiver sein."
> Herr Kirsch: „Das wird ja immer toller. Unsystematisch, unstrukturiert und faul. Ich kann nur eins sagen: Ich mache so viel und so gut ich kann. Wenn es Ihnen nicht passt, dann suchen Sie sich doch jemand anderen für diese undankbare Aufgabe."

Dieses Beispiel zeigt Folgendes:

Oft ist nicht klar, worüber wir eigentlich sprechen. Wenn Sie Ihren Gesprächspartner dann auf dem falschen Fuß erwischen, kann es gut sein, dass Sie, selbst wenn Sie Ihr eigenes Feedback sehr vorsichtig und verhaltensnah formuliert haben, eine heftige Reaktion ernten. Um dies zu vermeiden, müssen Sie darauf achten, dass beiden Gesprächspartnern klar ist, um welches Verhalten es eigentlich geht. Dass ein Gespräch dennoch eskaliert, ist oft darin begründet, dass dem kritischen Verhalten ein Name gegeben wird – in diesem Falle „unsystematisch und unstrukturiert" – und im Anschluss daran eine Diskussion erfolgt, was denn darunter genau zu verstehen ist. Es wird sich dann über Maßstäbe und Anforderungen auseinander gesetzt statt über das konkrete Verhalten, das geändert werden soll. Da keine Klarheit über den Gesprächsgegenstand besteht, emotionalisiert sich ein Gespräch häufig unnötigerweise. „Aber das hat doch nichts mit Arbeitsorganisation zu tun, sondern mit mangelnder Steuerung von Ihnen!" „Nein es liegt an Ihrem chaotischen Arbeitsstil!" „Nein an Ihrer Führungskompetenz!" „Meine Führungskompetenz, die wurde ja noch nie angezweifelt, sonst hätte ich die Projektleitung ja nicht erhalten. Ich würde sagen, wenn Sie ein echter Teamplayer wären, dann ..." Verlieren auch Sie den Faden bei diesem Gespräch? Kein Wunder! Es reiht sich ja auch eine Worthülse an die nächste. Worthülse bezeichnet dabei einen Begriff, von dem der eine annimmt, der andere versteht darunter genau dasselbe wie er selbst. Was ist denn beispielsweise ein „chaotischer Arbeitsstil?“ Das hängt deutlich davon ab, welche Arbeitsstile jemand bislang erlebt hat. Die Tatsache, dass jemand bei einer spontanen Anfrage den Vorgang unterbricht und sich der neuen Anfrage zuwendet, wird von einer Person als chaotisch von einer anderen Person als flexibel bezeichnet. Sie erinnern sich an die Feedbackregel Nummer 2: „Beschreibe die Wirkung eines Verhaltens.“ Letztendlich ist es gleichgültig, welches Label Sie dem Verhalten geben. Wichtig ist doch, dass Ihr Gegenüber versteht, von welchem Verhalten Sie sprechen und warum Sie es als störend empfinden.

Dabei helfen Ihnen wieder die Feedback-Regeln: „Das ist das Verhalten, um das es geht, deswegen stört es und folgendes wünsche ich mir.“ Wenn Sie sich bei einem Kritikgespräch immer wieder an die Feedback-Regeln erinnern und diese konsequent berücksichtigen, kürzen Sie langwierige Diskussionen deutlich ab. Halten Sie sich nicht damit auf, gemeinsam zu definieren, was Sie beispielsweise unter einer „strukturierten Arbeitsweise“ verstehen, versuchen Sie nicht, sich auf eine gemeinsame Skala zu einigen. Und schon gar nicht sollten Sie darüber diskutieren, wer denn nun die richtige oder die falsche Wahrnehmung von Ihnen beiden hat. Es kann sich bei unfruchtbaren Diskussionen, bei denen man sich immer wieder im Kreis dreht, nämlich auch um unbewusste, aber äußerst wirkungsvolle Ablenkungsmanöver Ihres Mitarbeiters handeln.

Umgang mit unfairen Gegenangriffen: Tote Fische schwimmen lassen

Eine menschliche Reaktion auf Angriffe ist es, in den Gegenangriff überzugehen: Schließlich ist für viele Angriff die beste Verteidigung. Dies hat für den Kritisierten den Vorteil, dass er sich nicht mit seinem eigenen Verhalten auseinandersetzen muss. Besonders wirksam sind diese Angriffe dann, wenn sie auf den „wunden Punkt“ des Gegenübers abzielen. Sie sollten sich fragen, was Ihre „wunden Punkte“ sind, die Sie besonders verletzlich machen. Beliebte Köder, die von Ihren Gesprächspartnern ausgeworfen werden, sind dabei das Infragestellen Ihrer Kompetenz als (Projekt-)Leiter, das Kritisieren Ihrer Fairness oder der Vorwurf, Sie würden sich nicht genügend um Ihre Mitarbeiter kümmern bzw. sich für diese einsetzen. Diese Vorgehensweise ist von Seiten Ihres Gesprächspartners unfair. Gleichzeitig ist es jedoch äußerst menschlich, dass Sie auf derartige Vorwürfe reagieren. Niemand lässt sich gerne vorhalten, er sei ungerecht, inkompetent oder unsozial. Die meisten von uns verspüren bei derartigen Angriffen den massiven Wunsch, dem Gesprächspartner das Gegenteil zu beweisen. Wenn sie dies nicht tun, haben viele das Gefühl, Ihre Integrität sei in Frage gestellt. Schließlich kann man so einen Vorwurf ja nicht im Raum stehen lassen. Es steht jedoch auch fest, dass ein Eingehen auf diese Vorwürfe Sie vom eigentlichen Ziel, mit dem Sie das Gespräch eingeleitet haben, abbringt. Ihr Ziel war es doch ursprünglich, die gemeinsame Zusammenarbeit zu thematisieren und das Verhalten des anderen für zukünftige gemeinsame Aktivitäten in Ihrem Sinne zu beeinflussen. Wenn Sie auf die Argumente Ihres Gegenübers eingehen, entfernen Sie sich Diskussionspunkt für Diskussionspunkt von Ihrem ursprünglichen Ziel. Hilfreich ist es daher, dass Sie diese Vorgehensweise als Ablenkungsmanöver entlarven und nicht darauf eingehen.

Helfen Sie sich dabei mit dem Bild „tote Fische." Stellen Sie sich vor, Sie sind ein Raubfisch im Meer und suchen nach Beute. Attraktiv ist für Sie natürlich ein großer Fischschwarm, an dem Sie sich satt fressen können. Jedoch beinhaltet dieser auch immer eine Reihe von toten Fischen, die von dem Schwarm mitgetragen werden. In einem Gespräch ist es prinzipiell richtig, auf Argumente Ihres Gegenübers einzugehen. Das ist die Beute, die Sie gut verdauen können. Die unfairen Argumente Ihres Gegenübers sollten Sie links liegen – gleichsam dem Raubfisch, der sich an den toten Fischen den Magen verderben kann. Fragen Sie sich also bei jedem Argument Ihres Mitarbeiters: Hat das noch etwas mit Ihrem ursprünglichen Anliegen zu tun oder entfernt Sie das Eingehen auf dieses Argument nicht unnötig von Ihrem ursprünglichen Anliegen?

Die Anwendung dieser Technik sieht folgendermaßen aus:

> Herr Spicher: „Schön, auch ich bin insgesamt recht zufrieden. Ich erlebe die Zusammenarbeit mit Ihnen sehr positiv, denke aber, Sie könnten sich die Arbeit erleichtern, wenn Sie besser organisiert wären und Ihre Aufgaben systematischer und strukturierter bearbeiten würden."
> Herr Kirsch: „Was soll das heißen, systematischer und strukturierter arbeiten?"
> Herr Spicher: „Es ist wiederholt vorgekommen, dass ich nachhaken musste, damit ich von Ihnen die Arbeitsergebnisse erhalten habe. Sie liefern Vorgänge häufig erst auf Nachfrage."
> Herr Kirsch: „Das ist doch Ihr Job als Projektleiter, nachzuhaken." (toter Fisch: Sie machen Ihren Job nicht gut.)
> Herr Spicher: „Selbstverständlich können wir in diesem Gespräch auch noch darüber sprechen, welche Erwartungen Sie an mich als Projektleiter haben. Jedoch ist es mir ein Anliegen, in Zukunft sicher zu stellen, dass ich auch Ihre Arbeitsergebnisse fristgerecht erhalte, und zwar ohne nachzuhaken."
> Herr Kirsch: „Aber ich habe halt sehr viel zu tun. Und Sie haben ja zu Beginn des Projektes nicht klar gemacht, dass so viele Aufgaben auf mich zukommen würden (toter Fisch: Sie machen Ihren Job nicht gut.)
> Herr Spicher: „Nochmal. Wir können das Thema, was ich als Projektleiter noch besser machen kann, gerne als nächsten Punkt in diesem Gespräch behandeln. Vorher würde ich aber gerne mit Ihnen klären, welche Vorschläge Sie haben, damit ..."

Wenn Sie diese Technik konsequent anwenden, wird Ihrem Mitarbeiter schnell die Munition ausgehen.

Um Ihr Ziel nicht aus den Augen zu verlieren und im Gespräch sicher zu stellen, dass Sie über das richtige Thema sprechen, hilft es, wenn Sie sich das Ziel des Gespräches kurz aufschreiben und einen Spickzettel mit in das Gespräch nehmen. Auf Herrn Spichers Spickzettel stünde dann: Herr Kirsch soll Arbeitsergebnisse fristgerecht liefern, ohne dass mehrfaches Nachhaken von meiner Seite notwendig ist.

Werfen Sie immer wieder einen Blick auf Ihren Spickzettel, wenn Sie den Eindruck haben, dass sich das Gespräch im Kreis dreht oder Sie sich fühlen, als kämen Sie vom Hundertsten ins Tausendste.

Von der Mücke zum Elefanten

Gerade weil wir in „Kritikgesprächen" häufig vom Hundertsten ins Tausendste kommen und uns in Details verzetteln, neigen wir dazu, dem problematischen Verhalten eine größere Bedeutung beizumessen, als dies zielführend ist. Im obigen Beispiel ist es tatsächlich so, dass Herr Spicher mit dem Verhalten von Herrn Kirsch insgesamt sehr zufrieden war. Der Anlass des Gespräches war jedoch, das Arbeitsverhalten von Herrn Kirsch zu verändern. Aufgrund dessen emotionaler Reaktion beherrschte dieses Thema das Gespräch jedoch unnötig stark. Herr Kirsch fühlte sich massiv kritisiert und konnte diese Kritik nicht so stehen lassen.

In diesen Situationen ist es ratsam zu verdeutlichen, wie groß das Problem oder Thema, über das wir gerade sprechen, tatsächlich ist. Reden wir von einer hundertprozentigen Leistung, die durch eine leichte Verhaltensänderung spielend auf 110 Prozent gesteigert werden könnte? Oder handelt es sich um eine indiskutable Performance, so dass man die Zusammenarbeit am liebsten beenden würde, wenn es eine Alternative gebe? Für viele Menschen ist es dabei hilfreich, wenn sie quantifizieren. Dazu können Sie beispielsweise eine Skala entwickeln von eins (äußerst negativ) bis zehn (äußerst positiv), anhand derer Sie verdeutlichen, von welcher Ausprägung Sie gerade sprechen bzw. welche Ausprägung Sie für erstrebenswert halten. In den meisten Fällen ist es so, dass der Kritisierte die Kritik als dramatischer erlebt, als dies von Ihnen beabsichtigt wurde. Das Einordnen auf der Skala rückt das Ganze wieder in den richtigen Rahmen.

Wertschätzung – auch wenn es schwer fällt

Es wurde in diesem Kapitel intensiv darauf eingegangen, dass Mitarbeiter sich gegen Feedback wehren. Es sei an dieser Stelle angemerkt, dass Ihr Gesprächspartner dabei nicht zwangsläufig bewusst gegen Sie angeht. Ablenkungs- und Verteidigungsmanöver laufen häufig nahezu automatisch zum Zwecke des Selbstschutzes ab. Ihr Gegenüber verteidigt sich nicht bzw. greift Sie an, um Ihnen zu schaden. Es fällt ihm vermutlich wie den meisten Menschen schwer, eigene Fehler einzugestehen und zu akzeptieren. Es ist oft hilfreich, wenn Sie sich genau dies vor Augen halten, denn es führt dazu, dass Sie mit einer deutlich positiven Grundhaltung in das Feedbackgespräch gehen bzw. der Reaktion des Mitarbeiters begegnen.

> Ein Vertriebsmitarbeiter hatte sich vorgenommen, einem Kunden ein Feedback zu einem ihm seit langer Zeit störenden Verhalten zu geben. Er schilderte seinem Kollegen, von dem er sich Rat erhoffte, wie er das Gespräch gestalten soll, recht emotional: „Und eins sage ich Dir: Heute sage ich ihm mal die Meinung. Es reicht einfach, Kundenorientierung hin oder her, aber man kann sich ja von einem Kunden auch nicht alles bieten lassen! Und wenn ich den Kunden darüber verliere. Aber wenigstens kann ich dann morgens wieder mit gutem Gewissen in den Spiegel schauen. Was meinst Du?“ „Denk Dir doch einfach: Ich liebe Dich!“ antwortete der Kollege.

Dieser Ratschlag ist vermutlich für Sie ähnlich irritierend wie für den Vertriebsmitarbeiter. Er soll Sie aber daran erinnern, vor einem Feedbackgespräch aggressive Stimmung bewusst abzubauen. Lassen Sie die Boxhandschuhe im Schrank, wenn Sie auf ein konstruktives Feedback Wert legen. Halten Sie sich die positiven Seiten des Mitarbeiters vor Augen und erinnern Sie sich daran, dass er aus seiner Perspektive sicherlich auch gute Gründe für sein Handeln hat. Dies fördert eine offene Atmosphäre im Gespräch.

3.5 Die fünf Stufen des Problembewusstseins

Wenn Ihr Gesprächspartner sein eigenes Verhalten deutlich positiver einschätzt, als Sie das tun, sind folgende Reaktionen vorstellbar:

1. Leugnen

Wenn Sie Ihren Gesprächspartner mit Ihrer Sichtweise konfrontieren, kann es im Extremfall vorkommen, dass er sich in keiner Weise einsichtig zeigt. Dieses Verhalten kommt jedoch äußerst selten vor. Viel häufiger treffen Sie auf die nächsten Stufen.

2. Verniedlichen

Relativ häufig ist Ihrem Gesprächspartner durchaus bewusst, dass die Leistung bzw. das Verhalten, das er gezeigt hat, nicht exzellent war, jedoch erlebt er diese Tatsache als nicht so gravierend wie Sie.

3. Schuldzuweisungen an andere bzw. die Umstände

Eine weitere mögliche Reaktion ist, dass Ihr Gesprächspartner durchaus anerkennt, dass seine Verhaltensweise problematisch ist. Er begründet sein Verhalten jedoch damit, dass die Rahmenbedingungen ihn dazu gezwungen hätten.

4. „Eigene Hilflosigkeit“

Es ist auch vorstellbar, dass Ihr Gesprächspartner sehr genau weiß, dass sein Verhalten problematisch ist, dass er sogar ein Feedback, wie Sie es ihm geben, schon häufig erhalten hat. Darüber hinaus hat er vielleicht auch schon mehrere erfolglose Versuche unternommen, sein Verhalten zu ändern. In diesem Fall wird er Ihrem Feedback beipflichten, jedoch keine Bereitschaft zeigen, das Verhalten tatsächlich zu ändern.

5. Einsicht

Eine mögliche Reaktion auf ein kritisches Feedback ist es auch, dass Ihr Gegenüber sich einsichtig zeigt und Bereitschaft an den Tag legt, das kritisierte Verhalten zu ändern. Das ist selbstverständlich die für Sie einfachste Reaktion auf ein Feedback. Ob Sie diese Reaktion ernten, ist natürlich im hohen Maße davon abhängig, wie konstruktiv und wenig verletzend Sie das Feedback formulieren.

Es kann sein, dass Sie auf einen Gesprächspartner treffen, der sich auf Stufe eins (= Leugnen) befindet. Durch geschicktes Formulieren und konsequente Kommunikation im Feedback kann es Ihnen dennoch gelingen, ihn systematisch zu Stufe fünf (= Einsicht) hin zu entwickeln. Dabei kann Ihr Gesprächspartner nacheinander die verschiedenen Stufen durchlaufen. Es kommt jedoch auch vor, dass Ihr Gesprächspartner einzelne Stufen überspringt und sich die Einsicht schneller einstellt.

Wie verhalten Sie sich, je nachdem, mit welcher Reaktion Sie sich konfrontiert sehen?

Verhalten zu Stufe eins (Leugnen)

Zeigt sich Ihr Gegenüber vollkommen uneinsichtig, so müssen Sie zunächst einmal klare Belege für Ihre Einschätzungen liefern. Hierfür brauchen Sie Fakten und Beispiele, die Ihre Bewertung untermauern. Hilfreich ist es hierbei, sich Notizen gemacht zu haben, Zitate liefern zu können oder auch Einschätzungen und Belege von Dritten anbringen zu können. Gleichzeitig sollten Sie sich jedoch auch der Tatsache bewusst sein, dass bei dieser massiven Abweichung des Selbstbildes vom Fremdbild eine hochgradig emotionale Reaktion Ihres Gesprächspartners möglich ist.

Verhalten zu Stufe zwei (Verniedlichen)

Wenn Ihr Gesprächspartner das eigene Verhalten als undramatisch wahrnimmt, dann müssen Sie im Gegenzug „dramatisieren". Dies bedeutet, Sie müssen ihm konsequent die Auswirkungen seines Verhaltens vor Augen führen. Tipps zur Vorgehensweise finden Sie dazu auch im vorherigen Kapitel in dem Abschnitt „create a burning platform."

Verhalten zu Stufe drei (Schuldzuweisungen an andere bzw. die Umstände)

Sucht Ihr Gegenüber die Erklärung für sein Verhalten bei anderen, so können Sie dadurch Einsicht erzeugen, dass Sie ihm konsequent vor Augen halten, welchen Anteil er beeinflussen kann. Darüber hinaus können Sie darstellen, wie andere unter den gleichen oder sogar schwierigeren Umständen erfolgreich sind oder waren.

Verhalten zu Stufe vier („eigene Hilflosigkeit")

Auf dieser Stufe hilft es meist, mit Ihrem Gesprächspartner nochmals zu analysieren, welche konkreten Schritte er bislang unternommen hat, um das Verhalten zu verändern. In der gemeinsamen Analyse finden Sie häufig Ideen und Ansätze dazu, was Ihr Gesprächspartner noch unternehmen bzw. ausprobieren könnte. Im Zweifelsfall können Sie die Grundsatzfrage stellen, ob sich das Teammitglied für sein Verhalten prinzipiell verantwortlich sieht.

Verhalten zu Stufe fünf (Einsicht)

Zeigt sich Ihr Gesprächspartner einsichtig, müssen Sie im nächsten Schritt lediglich konkrete Schritte und Maßnahmen vereinbaren, wie das Verhalten zukünftig optimiert werden kann. Konkrete Ideen dazu finden Sie auch in Kapitel 4.

Das obige Modell wird anhand des folgenden Beispiels für Sie verdeutlicht.

Ein Projektmitarbeiter liefert Arbeitsergebnisse zu spät ab.

1. Leugnen

Mitarbeiter: „Das stimmt überhaupt nicht. Sie machen nur alles schlecht. Ich habe es doch noch rechtzeitig geschafft."

Ihre Reaktion: „Tut mir leid. Leider stimmt das nicht ganz, was Sie sagen. Die Dokumentation des Projektes X habe ich zwei Tage zu spät erhalten, und auch bei Projekt Y haben Sie den vereinbarten Termin um eine Woche überschritten. Schauen Sie, ich habe nochmals überprüft, wann Sie mir die Mail geschickt haben. Sie ist erst am 25. März bei mir eingegangen. Vereinbart war im Projektplan der 18. März als Abgabetermin."

2. Verniedlichen

Mitarbeiter: „Ja, stimmt. Da bin ich wirklich ein wenig spät dran gewesen, aber es ist ja immer noch gut gegangen."

Ihre Reaktion: „Gut gegangen im Sinne, dass wir die Präsentation vor dem Lenkungsausschuss noch fertig stellen konnten – ja. Jedoch hat die Tatsache, dass Sie Ihre Unterlagen so spät geliefert haben, dazu geführt, dass zwei Ihrer Kollegen und auch ich stark nacharbeiten mussten. Das hat sowohl bei mir als auch bei den Kollegen zu einigen Überstunden und einer hohen Unzufriedenheit geführt."

3. Schuldzuweisungen an andere bzw. die Umstände

Mitarbeiter: „Das ist natürlich nicht schön, aber in Anbetracht des engen Zeitrahmens und der Tatsache, dass ich im Tagesgeschäft so stark eingebunden war, konnte ich einfach nicht schneller liefern."

Ihre Reaktion: „Ich weiß, dass Sie auch im Tagesgeschäft stark beansprucht sind, jedoch sollten wir gemeinsam Wege finden, wie Sie trotz dieser Rahmenbedingungen sich genau wie die anderen an Termine halten können."

4. Eigene Hilflosigkeit
Mitarbeiter: „Ich habe ja schon versucht, mein Tagegeschäft schneller zu erledigen, aber da war einfach nichts zu machen. Mehr als zehn Stunden am Tag zu arbeiten, bin ich einfach nicht bereit."
Ihre Reaktion: „Es geht auch nicht darum, dass Sie mehr arbeiten. Lassen Sie uns doch gemeinsam überlegen, welche Aufgaben Sie eventuell abgeben können. Eine andere Möglichkeit wäre, dass wir beide mit Ihrem disziplinarischen Vorgesetzten darüber sprechen, wie wir Sie entlasten können etc."
5. Einsicht
Mitarbeiter: „Gut, ich sehe ein, dass ich etwas tun muss, um Termine zukünftig einhalten zu können. Vielleicht sollten wir wirklich ein Dreier-Gespräch mit meinem Chef suchen."
Ihre Reaktion: „Schön. Dann machen wir einen Termin. Vielleicht überlegen Sie sich im Vorfeld auch noch, welche Aufgaben aus Ihrer Sicht abgegeben oder mit geringerer Priorität versehen werden können."

3.6 Loben, da Leistung nicht selbst verständlich ist

Fällt Ihnen etwas auf? Das Kapitel Feedback hat sich bislang nahezu ausschließlich mit negativem Feedback beschäftigt. Gerne wird vergessen, dass Feedback auch positiv sein kann. Überlegen Sie sich doch mal, wann Sie das letzte Mal ein Lob ausgesprochen oder erhalten haben. Lob beispielsweise in Form eines Dankeschöns oder Anerkennung Ihrer Leistung. Vermutlich ist dies schon vergleichsweise lange her ist. Viele Führungskräfte handeln nämlich nach dem Motto: „Nichts gesagt ist genug gelobt." Viele Mitarbeiter empfinden dies als sehr unbefriedigend. Es macht auch Ihren Teammitgliedern mehr Spaß, mit Ihnen zu arbeiten, wenn Sie diese angemessen loben. Daher, möchten wir Sie dazu ermutigen, positive Verstärkungen gezielter und verschwenderischer einzusetzen, als das bislang der Fall war. Die Vorteile des Lobens liegen auf der Hand. Es kostet Sie nichts, und Sie haben reichlich davon. Darüber hinaus ist es äußerst wirksam, um Verhalten zu verändern und langfristig aufrecht zu erhalten. Dieser Fakt wird in vielen Führungskräftetrainings vermittelt. Führungskräfte werden ermuntert, zu loben. Viele Trainer und Lehrbücher propagieren auch, man solle zunächst immer erst einmal loben, bevor man negatives Feedback gibt. Es existiert auch das weit verbreitete Konzept der Sandwich-Taktik: erst loben, dann rügen, dann wieder loben. Die Kritik soll dann leichter für den anderen zu akzeptieren sein. Dies birgt jedoch auch einige Gefahren. Wir empfehlen daher beim Loben folgendes zu berücksichtigen:

Lob spontan aussprechen – Authentizität ist Trumpf

Häufig wird angemerkt, dass Führungskräfte zuviel kritisieren und zu wenig loben. In Führungsseminaren wird ihnen daher eingetrichtert, sie mögen mehr loben. Da sie unterjährig nicht dazu kommen, erhält der Mitarbeiter seine Jahresdosis im Rahmen des jährlich stattfindenden Beurteilungsgespräches. Auch Projektleiter neigen dazu, das Loben zu vergessen und holen dies dann zum Ende des Projektes nach und zwar gleich zu Beginn des Abschlussgespräches.

> Beispiel:
> Projektleiter: „Frau Röhrig, wir führen nun das Projektabschlussgespräch. Das Projekt haben wir ja erfolgreich zu Ende durchgeführt, und Sie waren maßgeblich daran beteiligt. Sie haben ganz tolle Arbeit geleistet. (Frau Röhrig denkt: Was ist denn mit dem los, war der auf einen Seminar?) Das war echt klasse. Vielen Dank für den Einsatz. (Frau Röhrig vermutet: Da kommt bestimmt noch ein dickes Ende nach, das ist doch nicht normal, dass der jetzt so dick aufträgt!) Und dass Sie das alles in der kurzen Zeit geschafft haben, sensationell. Insgesamt war ich also sehr zufrieden mit Ihnen und kann mich eigentlich nicht beschweren. (Frau Röhrig: Achtung, jetzt kommt's gleich.) Ich habe nur noch ein paar kleine Verbesserungshinweise ... (Frau Röhrig: BINGO, habe ich es doch gewusst!)

So oder ähnlich vollziehen sich eine Vielzahl von Gesprächen zwischen Projektleitern und Mitarbeitern. Wirkt das Ganze auf Sie auch künstlich und antrainiert? Lob kommt uns häufig wenig authentisch vor, wenn es uns in geballter Form entgegengebracht wird. Darüber hinaus gelingt es nur wenigen Führungskräften, Lob authentisch zu vermitteln, wenn dies nicht spontan erfolgt. Viele Führungskräfte finden jedoch für Lob spontan nicht die richtigen Worte. Das mag daran liegen, dass sie sich zuviel vornehmen, wenn sie jemanden loben möchten. Ein einfaches „Danke", „Gut", „Klasse", „Prima", „Schön", das tatsächlich ernst gemeint ist, wird von einem Mitarbeiter eher als Lob interpretiert als eine ausführliche Rede.

Ein Fehler, den viele Führungskräfte begehen, ist, dass sie in ihrem Lob teilweise übertreiben. Aussagen wie „Was täte ich nur ohne Sie?", „Sie sind meine Rettung.", „Ohne Sie hätte ich das nie hingekriegt." rufen beim Mitarbeiter eher die Ungewissheit hervor, ob Sie sich gerade über ihn lustig machen, als dass er derartige Aussagen für sich unter einem Lob verbucht. Daher gilt beim Lob im besonderen Maße: In der Kürze liegt die Würze!

Es ist nicht unüblich, dass Mitarbeiter als Reaktion auf Lob und Anerkennung in eine Abwehrhaltung verfallen. Sie erläutern dann: „Aber es war doch nur eine Kleinigkeit." oder „Aber das habe ich doch gern getan." Oft interpretieren Führungskräfte dies als „Mein Mitarbeiter möchte gar nicht gelobt werden." Dieser Schluss ist nicht zwangsläufig richtig. Viele Menschen sind mit dem Glaubenssatz erzogen worden „Bescheidenheit ist eine Zier", und sie haben es nicht gelernt, mit positivem Feedback selbstverständlich umzugehen. Lassen Sie sich von derartigen Abwehrreaktionen nicht ausbremsen, sondern loben Sie weiterhin dann, wenn es Ihnen sinnvoll erscheint, d. h. wenn Sie die Leistung oder das Verhalten des Mitarbeiters als lobenswert betrachten.

Nicht für Selbstverständliches loben

Es kommt dabei allerdings darauf an, dass Sie das richtige Verhalten loben. Daraus leiten manche Führungskräfte ab, dass sie nahezu für jedes Verhalten Ihrer Mitarbeiter Lob aussprechen. Doch auch hier ist Vorsicht geboten. Wenn Sie Lob zu häufig und für Selbstverständliches aussprechen, führt dies dazu, dass das Lob abgewertet wird. Genauso wie bei der Kritik kommt es auf die richtige Dosierung an.

> Ein Teamleiter hatte sich nach einem Motivationsseminar fest vorgenommen, seine Mitarbeiter mehr zu loben. Als er vom Seminar zurückkehrte, berichtete ihm ein längjähriger Mitarbeiter, wie er in der Abwesenheit des Teamleiters mit einer Standard-Anfrage eines Kunden umgegangen sei. Dies kommentierte der Teamleiter folgendermaßen: „Das haben Sie gut gemacht. Da haben Sie richtig gehandelt." Der Mitarbeiter entgegnete darauf: „Das weiß ich. Ich mache diesen Job seit über 20 Jahren."

Wofür sollten Sie also loben?

Es wäre ein Irrtum, zu glauben, ein Mensch käme ohne positives Feedback aus. Wir alle freuen uns über Lob und Anerkennung, jedoch unterscheiden wir uns sehr stark darin, wofür wir gelobt werden wollen. Auch hier bieten die verschiedenen Mitarbeitertypen wiederum Ansätze.

Loben der verschiedenen Typen

Der Macher – so loben Sie ihn

Es ist dem Macher wichtig, Erfolge zu erzielen, die konkret und messbar sind. Wenn er hierzu Gelegenheit hat, dürstet es ihm nicht nach dem persönlichen Lob. Dennoch ist es ihm wichtig, sicher zu stellen, dass seine Leistung anerkannt wird. Dies bedeutet: Ein Aufdie-Schulter-Klopfen ohne große Worte ist für ihn wichtiger, als dass Sie ihm persönlich und ausführlich für seine Leistungen danken. Macher legen eher wenig Wert darauf, dass sie gefeiert werden oder ihre Leistung vor anderen groß herausgestellt wird. Ein Macher möchte jedoch, dass jedermann weiß, dass er hinter den Arbeitsergebnissen steht. Es ist folglich wichtig, ihm gegenüber herauszustellen, dass seine Leistung auch an anderer Stelle gesehen wird bzw. dass Sie dafür sorgen, dass dies auch geschieht.

Dafür erntet der Macher gerne Lob und Anerkennung

Lob, das sich darauf bezieht, dass der Macher etwas bewirkt, Großes geleistet und eine Aufgabe verantwortungsvoll erledigt hat, kommt bei ihm besonders gut an. Er schätzt es weiterhin, wenn Sie anerkennen, dass er zielorientiert gearbeitet und Ressourcen sinnvoll eingesetzt hat – eben für Leistung und Ergebnisse.

Der Expressive – so loben Sie ihn

Für den Expressiven ist Lob gleich zu setzen mit Applaus. Der Expressive liebt es, auf der Bühne zu stehen vor Bewunderern, die ihm zujubeln. Dies bedeutet für Sie, dass Sie, wenn möglich, Gelegenheiten schaffen, dass der Expressive vor anderen gelobt wird. Dies kann gar nicht wertschätzend, laut und ausführlich genug erfolgen. Gleichzeitig bringt Sie das jedoch in ein Dilemma. Wenn Sie die Leistung eines anderen übermäßig herausstellen, könnte dies von anderen Teammitgliedern so interpretiert werden, dass Sie deren Leistung zu wenig wahrnehmen. Gleichzeitig kann es geschehen, dass ein Expressiver, der zu viel gelobt wird, abhebt.

Dies hat für Sie zwei Konsequenzen: Zum einen müssen Sie stets darauf achten, dass Ihr Team sich gegenüber dem Expressiven nicht zurückgesetzt fühlt. Zum anderen müssen Sie dafür sorgen, dass der Expressive Bodenhaftung behält. Dazu ist es hilfreich, hin und wieder auch kritisches Feedback zu geben und dem Expressiven auch seine Grenzen aufzuzeigen. Selbstverständlich muss dies wiederum unter vier Augen erfolgen (s. o.).

Dafür erntet der Expressive gerne Lob und Anerkennung

Der Expressive ist besonderes stolz darauf, dass er kreative, außergewöhnliche und innovative Ideen und Gedanken hat. Er liebt es, wenn Sie ihm zurückmelden, dass er eine ganz besondere, außergewöhnliche Art hat, Probleme anzugehen oder mit Kunden oder Kollegen zu verfahren. Weiterhin ist es ihm wichtig, dass andere sehen, dass das, was der Expressive anpackt, Spaß macht oder möglichst exklusiv ist.

Der Beständige und Integrative – so loben sie ihn

Nichts ist dem Beständigen und Integrativen unangenehmer, als wenn er aus dem Team herausgehoben wird und auffällt. Die Strategie, die bei den Expressiven erfolgsversprechend ist, nämlich eine Bühne zu bereiten und die Verdienste des Mitarbeiters zu feiern, wäre bei dem Beständigen und Integrativen vollkommen kontraproduktiv. Es wäre ihm peinlich. Im Extremfall könnte dies dazu führen, dass der Beständige und Integrative zukünftig sein Engagement reduziert, um nur nicht wieder in eine derart unangenehme Situation zu kommen. Da es sich bei dem Beständigen und Integrativen um den Mitarbeiter handelt, der häufig ohne großes Murren zuverlässig seine Arbeit erledigt, kann es bei diesem besonders leicht geschehen, dass Sie das Loben vergessen.

Im Gegensatz zum Macher oder zum Expressiven würde nämlich der Beständige und Integrative ein Lob oder Anerkennung nicht aktiv einfordern. Wichtig ist daher für Sie, dass Sie sich konsequent daran erinnern, auch den Beständigen und Integrativen zu loben, dass Sie dies jedoch im Gegensatz zu anderen Mitarbeitern eher im Vier-Augen-Gespräch tun.

Dafür erntet der Beständige und Expressive gerne Lob und Anerkennung

Ein Lob, das dem Beständigen und Integrativen besondere Freude bereitet, ist, wenn Sie ihm spiegeln, dass er zuverlässige, qualitativ hochwertige und solide Arbeit leistet bzw. dass er ein guter Teamplayer ist und dafür sorgt, dass die Zusammenarbeit und Stimmung im Team gut ist.

Der Analytiker – so loben sie ihn

Bei dem Analytiker handelt es sich um jemanden, dem Sie wenig die persönliche Wertschätzung entgegenbringen müssen, d. h. dass Sie weniger ihn als Person herauskehren müssen, wenn Sie ihn loben. Er schätzt es jedoch, wenn andere seine Kompetenz anerkennen und auch wahrnehmen, dass die Lösungen, die der Analytiker generiert hat, besonders elegant und trickreich sind. Achten Sie bei dem Analytiker vor allem darauf, dass sich das Lob auf die Sache bezieht.

Dafür erntet der Analytiker gerne Lob und Anerkennung

Der Analytiker bezieht seinen Stolz daraus, dass er möglichst komplexe, herausfordernde und schwierige Aufgaben löst. Daher ist die größte Anerkennung, die sich ein Analytiker vorstellen kann, dass er ein Problem gelöst hat bzw. seine Lösung reibungslos funktioniert. Ein Lob, das er gerne annimmt, ist eines, das sich auf seine Fachkompetenz bezieht.

Herausforderung 4: Sie brauchen es anders – Arbeitsverhalten kurzfristig verändern

4.1 Worin besteht die Herausforderung bei der Veränderung von Mitarbeitern?

Wenn Ihnen die Zusammenarbeit mit einem Mitarbeiter besonders schwer fällt, Sie aber darauf angewiesen sind, dass sie klappt, möchten Sie möglicherweise das Verhalten des Mitarbeiters verändern. Wären Sie der disziplinarische Vorgesetzte, hätten Sie hierfür Zeit und Ressourcen. Sie würden das Verhalten des Mitarbeiters im Rahmen des jährlich stattfindenden Beurteilungsgespräches thematisieren und könnten ihn beispielsweise mit Hilfe des hierfür geplanten Trainingsbudgets fortbilden lassen. Sie hätte die Befugnis, dies zu tun – ja, als disziplinarischer Vorgesetzter wäre es sogar Ihre Pflicht. Ihre Situation stellt sich jedoch anders dar. Gerade wenn Sie in Projekten arbeiten oder Ihre Zusammenarbeit nur punktuell stattfindet, ist es nicht vorgesehen, mit dem Mitarbeiter über langfristige Veränderungen oder Entwicklungen zu sprechen. Ein Trainingsbudget haben Sie nicht, und Mitarbeiter reagieren häufig irritiert darauf, wenn jemand anderer als ihr Vorgesetzter mit dem Ansinnen an sie herantritt, sie zu verändern.

Darüber hinaus, bedarf es oft eines längeren Zeitraums, um nachhaltige Veränderungen im Verhalten eines Menschen zu bewirken. Dies gilt umso mehr, wenn es sich um langjährig aufgebaute Verhaltensweisen, z. B. im Bereich der Sozialkompetenz, handelt. In diesem Fall verspüren Sie vielleicht auch selbst keine ausgeprägte Motivation, an Ihrem Gegenüber „zu arbeiten." Selbst wenn es Ihnen in einem realistischen Zeitrahmen gelänge, ihn zu verändern, profitieren würden Sie vermutlich davon nicht. Darüber hinaus würden die Lorbeeren für die Entwicklung auch eher der disziplinarische Vorgesetzte ernten als Sie.

Dennoch, manchmal macht es durchaus Sinn, dass Sie eine Veränderung des Mitarbeiters aktiv vorantreiben. Was Sie unter einem sinnvollen Einsatz von Energie hierbei erreichen können und wie Sie geschickter Weise vorgehen, erläutert Ihnen das folgende Kapitel.

Menschen verändern bei begrenzten Möglichkeiten

Viele Führungskräfte denken, dass man Menschen nicht grundsätzlich verändern kann. Schließlich haben wir Jahrzehnte gebraucht, um zu dem zu werden, was wir sind.

In der Psychologie diskutieren die Experten seit Jahrzehnten darüber, inwieweit man Menschen „von außen" überhaupt verändern kann. Diese Diskussion ist unter der Erbe-Umwelt-Diskussion bekannt. Dabei gibt es zwei Extrempole. Die einen behaupten, unser Verhalten wie z. B. die Intelligenz sei nahezu ausschließlich genetisch bestimmt. Das heißt, bereits im Mutterleib steht fest, ob jemand ein Genie oder ein geistig minderbegabter Mensch wird. Sie behaupten, dass das Erbgut zu mehr als 80 Prozent den Intelligenzquotienten bestimmt.

Der Gegenpol dazu postuliert, dass es vor allem von äußeren Einflüssen wie Elternhaus, Schulbildung etc. abhängt, wie sich jemand entwickelt, ob also beispielsweise jemand die Chance hat, intelligent zu werden. Die Gene machen ihrer Meinung nach nur 20 Prozent des Intelligenzquotienten aus. Die Erbe-Umwelt-Diskussion ist lange nicht abgeschlossen. Man kann sie jedoch abkürzen. Selbst massive Anhänger der Theorie, dass die Gene unser Verhalten maßgeblich determinieren, geben zu, dass man diese auch durch Umweltfaktoren beeinflussen kann.

Gehen wir also mal davon aus, dass die Umwelt eine starke Auswirkung auf unser Verhalten hat. Was heißt das für Sie als nicht disziplinarische Führungskraft? Was können Sie bewegen in einem realistischen Zeitrahmen mit limitierten Ressourcen? Ganze Persönlichkeiten verändern? Vermutlich nicht. Es würde ziemlich wahrscheinlich Ihren Rahmen sprengen, wenn sie beispielsweise versuchten, aus einem Analytiker einen Expressiven zu machen. Diesen Anspruch haben Sie vermutlich auch nicht bzw. lehnen sogar ab, ganze Persönlichkeiten zu verändern. Dennoch möchten Sie bestimmte Verhaltensweisen Ihrer Mitarbeiter formen. Es handelt sich dabei um die Verhaltensweisen, die dazu führen, dass Sie mit bestimmten Mitarbeitern immer wieder in Konflikte geraten, Sie Ihre Aufgaben nicht erledigt bekommen und Sie in dem, was Sie erreichen könnten, deutlich eingeschränkt werden. Wenn Sie das Verhalten eines Teammitglieds ändern wollen, hilft es meist, zu verstehen, worin sich dieses begründet. Oft sind die darauf folgenden Maßnahmen vergleichsweise wenig aufwändig. In jedem Fall sollten Sie schrittweise abwägen, ob sich der Aufwand für Sie lohnt, oder ob Sie die störende Verhaltensweise akzeptieren lernen, weil eine Veränderung noch mehr Kraftaufwand erfordern würde. Widmen wir uns jedoch zunächst der Analyse des Sie störenden Verhaltens.

4.2 Der erste Schritt – treffsichere Diagnose

Sie sollten zunächst einmal herausfinden, woran es eigentlich liegt, dass der Mitarbeiter sich auf eine bestimmte Art und Weise verhält. Täten Sie dies nicht, verschrieben Sie wahrscheinlich eine Maßnahme zur Verhaltensänderung, die gar nicht zur Ursache des Verhaltens passt. Dies ist vergleichbar mit einem Arzt, der ein Medikament gegen Magengeschwüre verschreibt, ohne vorher ausgeschlossen zu haben, ob die Bauchschmerzen des Patienten beispielsweise von einer

Blinddarmentzündung herrühren. Eine genaue Diagnose des Verhaltens ist in beiden Fällen dringend erforderlich. Der einzige Weg, Hintergründe für das Verhalten des Mitarbeiters zu ergründen, ist: Fragen. Verzichten Sie dabei, wenn es geht, auf die Frage „Warum?“. Wenn Sie jemanden fragen, warum er sich auf eine bestimmte Art und Weise verhält, fühlt er sich leicht angegriffen. Die Frage „Warum tust Du das?“ ruft bei uns leicht den Wunsch hervor, sich zu rechtfertigen. Verwenden Sie stattdessen folgende Fragen:

- Wie schätzen Sie Ihr Verhalten ein? Wie sehen Sie das Problem?
- Was fällt Ihnen dabei schwer?
- Was fehlt Ihnen, um das Verhalten zu ändern?
- Welche Vorteile/Nachteile sehen Sie in dem Verhalten?
- Wo sehen Sie selbst diesbezüglich Ihre Stärken und Schwächen?
- Welche Lösungsversuche gab es schon von Ihrer Seite? Woran sind diese gescheitert?
- Was müsste passieren, damit es sich für Sie lohnt, das Thema anzugehen?
- Wenn sich an diesem Verhalten nichts ändert, was wird dann passieren?
- Gibt es Situationen, in denen Sie sich anders verhalten?

Diese Fragen dienen dazu, dass Sie und Ihr Mitarbeiter ein gemeinsames Problemverständnis entwickeln. Die Betonung liegt dabei auf dem „gemeinsamen“ Problemverständnis. Sie haben eine Sicht der Dinge, genauso wie Ihr Mitarbeiter. Diese beiden Sichtweisen müssen nicht zwangsläufig deckungsgleich sein. Oftmals werden Sie überrascht sein, wie stark die Einschätzung Ihres Mitarbeiters von der Ihrigen abweicht. Es kann vorkommen, dass der Mitarbeiter sein Verhalten gar nicht als problematisch erlebt (siehe hierzu auch Stufen des Problembewusstseins im vorherigen Kapitel) oder dass er ganz andere Ursachen dafür ins Feld führt, als Sie vermutet hätten. Besonders aufwändig wird der Veränderungsprozess dann, wenn der Mitarbeiter der Überzeugung ist, dass sein Verhalten in Ordnung bzw. positiv ist, Sie jedoch dringend Handlungsbedarf sehen. Bevor Sie im Gespräch inhaltlich den nächsten Schritt angehen, sollten Sie sich auf eine gemeinsame Sicht der Dinge einigen. Ein häufiger Fehler von Führungskräften ist es, zu schnell Maßnahmen vorzuschlagen, ohne klar herausgearbeitet zu haben, worin das Verhalten des Mitarbeiters eigentlich begründet ist. Es ist verständlich, dass Sie gerade als nicht disziplinarische Führungskraft darauf drängen, schnelle Lösungen für Probleme zu finden. Die Kunst in der Veränderung des Verhaltens von Mitarbeitern besteht häufig darin, intensiv die Ursachen für das Verhalten zu hinterfragen.

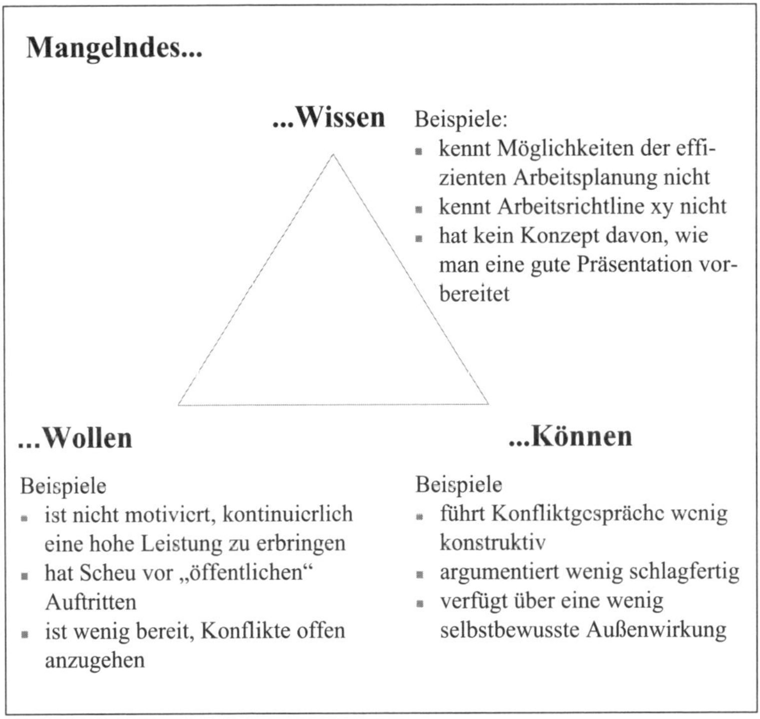

Abbildung 6: Problemursachen – mangelndes Wissen, Können, Wollen

In Abbildung 6 bieten wir Ihnen ein einfaches Schema, das Ihnen hilft, einzuordnen, warum ein Mitarbeiter sich so verhält, wie er es tut. Dieses Modell berücksichtigt drei unterschiedliche Ursachen, wobei selbstverständlich auch eine Kombination der Ursachen möglich ist. Aus dieser Darstellung wird ersichtlich, dass das Verhalten von Mitarbeitern auf drei Faktoren zurück zu führen ist: Wissen, Können und Wollen.

Feedback und Erklären, um Wissen zu Vermitteln

Wenn ein Mitarbeiter sich nicht so verhält, wie er es soll, so kann dies zunächst auf mangelndes Wissen zurückgeführt werden. Dies hat wiederum zwei Facetten. Die erste lautet: Dem Mitarbeiter ist nicht bewusst, dass ein bestimmtes Verhalten von ihm erwartet wird bzw. dass das Verhalten, das er an den Tag legt, problematisch ist. In diesem Fall hilft ein klares und verhaltensnahes Feedback. Auf diese Thematik wurde bereits in Kapitel 3 eingegangen. Die zweite Facette ist, dass der Mitarbeiter nicht weiß, wie er bestimmte Aufgaben angehen soll bzw. wie er sich in bestimmte Situationen besser verhalten soll.

Um Klarheit darüber zu erlangen, ob das problematische Verhalten eines Teammitglieds in einem Wissensdefizit zu sehen ist, fragen Sie das notwendige Wissen lediglich ab. Wenn Ihnen jemand nicht erklären kann, welches Verhalten man zeigen muss, um zu einem Ziel zu gelangen, fehlt ihm das theoretische Wissen dazu.

Wenn die Ursache für ein unerwünschtes Verhalten mangelndes Wissen ist, dann hilft eine Erklärung. Erklären heißt in diesem Fall, dass Sie jemanden oder etwas finden, der bzw. was das entsprechende Wissen vermittelt. Dies können Sie als Führungskraft sein, aber auch ein Kollege, ein Seminar oder ein Buch.

> Beispiel:
> Der Controllingmitarbeiter, Herr Schwarz, ärgert sich immer wieder über die mühselige Zusammenarbeit mit der Abteilung von Herrn Löhr. Die vierteljährliche Budgetplanung erhält er

aus dieser Abteilung immer kurz vor knapp, wobei sie ihm in einem Ausdruck und nicht in der vorgegebenen Excel-Datei überreicht wird. Es gab wiederholt Kritikgespräche und Eskalationsgespräche, in denen Herr Löhr seine Verhaltensweise rechtfertigte und die zu keiner Verhaltensänderung führten. Eines Tages fragte Herr Schwarz Herrn Löhrs Assistentin, warum sie die Daten nicht rechtzeitig in der gewünschten Form abgegeben hatte. Sie antwortete darauf, dass dies ja bei der „falschen Formatierung" nicht möglich gewesen sei. Darauf hin fragte Herr Schwarz die Assistentin, was sie unter einer falschen Formatierung verstand. Aus Ihren Schilderungen wurde deutlich, dass sie nicht wusste, wie man Daten in ein bestimmtes Format bringt. Als ihm dies klar wurde, setzte er sich kurz mit der Assistentin zusammen, um ihr zu erklären, wie damit zu verfahren sei. Durch diese einfache Maßnahme konnte ein langwieriger Konflikt beigelegt werden.

Übung macht den Meister – Wie Sie das Können in den Griff bekommen

Die zweite Möglichkeit, auf die ein „Fehlverhalten" zurück zu führen ist, ist mangelndes Können. Dies bedeutet, der Mitarbeiter verfügt zwar über das theoretische Wissen, wie eine Aufgabe auszuführen ist, kann es aber nicht. Um das Können zu verbessern, hilft nur eins: Sie müssen dazu beitragen, dass der Mitarbeiter „macht". Bieten Sie also dem Mitarbeiter entsprechende Übungsmöglichkeiten. Dies kann in Form eines einfachen Ausführens von Tätigkeiten erfolgen, jedoch auch in einem Training mit hohen Übungsanteilen geschehen. Wenn man eine neue Tätigkeit ausführt, macht man mit hoher Wahrscheinlichkeit Fehler. Bekanntlich lernen Menschen aus nichts so gut wie aus den eigenen Fehlern. Dies ist vor allem dann der Fall, wenn dem Mitarbeiter Hilfsmittel und Tools an die Hand gegeben werden, so dass er tatsächlich aus diesen Fehlern lernen kann. Wenn Sie also Ihrem Mitarbeiter nicht nur machen lassen, sondern ihm Feedback geben und ihm mit Tipps und Tricks von Ihrer Erfahrung profitieren lassen, kann er gezielt „Können" aufbauen.

Die Systematik von Wissen und Können lässt sich auch auf den Sport übertragen. Es ist durchaus sinnvoll, einem Skianfänger theoretisch zu vermitteln, wozu Skistöcke gut sind und wie sie eingesetzt werden. Dieses theoretische Wissen ist notwendig, aber sicher nicht hinreichend dafür, dass der Skifahrer erfolgreich den Berg hinunterfahren kann. Das notwendige Können erlernt der Skifahrer dadurch, dass er selbst den Berg hinab fährt, dabei vielleicht stürzt und ihm im Idealfall ein Skilehrer praktische Tipps und Tricks gibt, was er beim nächsten Mal besser machen kann. Die im wahrsten Sinne des Wortes praktische Erfahrung kann nicht durch theoretisches Wissen vermittelt werden.

Wenn Sie wissen wollen, ob ein Mitarbeiter etwas kann oder nicht, ist der einfachste Weg, sich das gewünschte Verhalten zeigen zu lassen. Dies bedeutet, Sie schauen ihm dabei zu, wie er eine Präsentation hält, am Computer Aufgaben erledigt oder mit einem Kunden schwierige Gespräche meistert. Anhand des Verhaltens ist meist klar ersichtlich, ob jemand etwas kann oder nicht. Beachten Sie auch, dass hier das reine Fragen nicht weiterhilft. Es ist einerseits beispielsweise sehr gängig, dass erfahrene Projektleiter, die ihre Mitarbeiter auch in schwierigen Zeiten motivieren können, nicht theoretisch schildern können, wie ihnen dies gelingt. Andererseits gibt es auch Personen, die Ihnen theoretisch gut vermitteln können, wie sie bei der Motivation von Mitarbeitern vorgehen (würden), die diese Ideen jedoch nicht erfolgreich in die Praxis umsetzen können.

Dieses „Zuschauen“ sollten Sie dem Mitarbeiter klar als Unterstützungsmaßnahme ankündigen. Beachten Sie im anschließenden Feedback wiederum die Feedback-Regeln.

Wenn Sie durch die Beobachtung zu dem Schluss gelangen, dass das problematische Verhalten eines Teammitglieds in mangelndem Können seine Ursache hat, dann ist es Ihre Aufgabe, ihm zukünftig Möglichkeiten zu bieten, in denen er Erfahrungen sammeln kann.

Beispiel:
Herr Ordon soll zukünftig Teilprojektleiter werden. Dazu gehört auch, dass er seine Projektergebnisse vor diversen Gremien präsentiert. Vor der ersten Präsentation ist er sehr aufgeregt und nervös. Er hat sich anhand eines Buches schlau gemacht, wie man Präsentationen professionell hält. Dennoch gerät seine erste Präsentation zu einem Fiasko. Seine Zuhörer finden sich in den mit Fachvokabular übersäten Folien nicht zurecht. Herr Ordon verliert bei Nachfragen den roten Faden, auf Einwände von Seiten des Gremiums fällt ihm spontan keine geeignete Antwort ein. Geknickt tauscht er sich nach der Präsentation mit seinem Projektleiter aus und wirft diesem vor: „Hätten Sie mich nicht vorher darauf hinweisen können, wie wenig Hintergrundwissen die Zuhörer hatten?“ Sein Projektleiter antwortet darauf: „Mir ist bewusst, dass die Präsentation sehr schwierig für Sie war. Aber erinnern Sie sich, ich hatte Ihnen im Vorfeld zu Ihrer Präsentation zurückgemeldet, dass sie zu viele Details und Fachtermini enthält. Sie waren aber der Meinung, dass dieser Level für die Zuhörer geeignet war. Versuchen Sie das Beste draus zu machen. Sie haben heute etwa ganz Wichtiges für einen Projektleiter gelernt. Sie wissen nun, wie wichtig es ist, seine Präsentation an den Zuhörern auszurichten. Beim nächsten Mal wird es Ihnen sicher leichter fallen, zu differenzieren, welches Wissen Sie bei Ihrem Publikum voraussetzen können und welche Fachtermini für die Zuhörer wenig gängig sind, auch wenn Sie mit diesen täglich zu tun haben.“

Motivation – Einfluss auf das Wollen

Die dritte Ursache für ein Fehlverhalten ist mangelndes „Wollen.“ Wenn Ihr Mitarbeiter nicht will, heißt das für Sie, Sie müssen ihn motivieren. Der Motivation ist in diesem Buch das komplette Kapitel zwei gewidmet, in dem Sie eine Reihe von Anregungen und Tipps erhalten. Um sicher zu sein, dass es am Wollen liegt, wenn ein Teammitglied ein gewünschtes Verhalten nicht zeigt oder ein problematisches Verhalten an den Tag legt, sollten Sie zunächst ausschließen, dass dies in fehlendem Wissen oder mangelndem Können begründet ist. Wenn Sie dies können, dann erfragen Sie bei Ihrem Teammitglied die Bereitschaft, ein geändertes Verhalten an den Tag zu legen. Hilfreich ist es dabei, zu hinterfragen, welche Vor- und Nachteile das Teammitglied in einer bestimmten Verhaltensweise sieht und was die Bereitschaft, ein anderes Verhalten zu zeigen, erhöhen könnte.

4.3 Die „Veränderungsformel" – ein ganzheitlicher Ansatz bei der Verhaltensänderung

Eine weitere Idee, wie Sie mit dem Thema Motivation umgehen können, bietet die so genannte „Veränderungsformel." Sie ist im Folgenden abgebildet:

Leidensdruck x positive Vision x erste Schritte > Kosten der Veränderung

Leidensdruck	positive Vision	erste Schritte	Kosten der Veränderung
Lebendige Vorstellung von den negativen Konsequenzen, wenn sich das Verhalten nicht ändert.	Lebendige Vorstellung davon,wie schön alles wird, wenn die Verhaltensänderung erfolgt.	Wissen, wie der Weg zur Verhaltensänderung erfolgen könnte.	Kosten, die durch eine Verhaltensänderung entstehen würden. (Was habe ich davon, dass ich mich nicht ändere?)
▪ negative Konsequenzen ▪ Befürchtungen ▪ mögliche Sanktionen ▪ ...	▪ Nutzen ▪ Anreiz ▪ positives Ergebnis ▪ ...	▪ Maßnahmen ▪ erste Ansätze ▪ „richtige" Verhaltensweisen ▪ ...	mögliche Verluste wie: ▪ Zeitaufwand ▪ Bequemlichkeit ▪ Sicherheit ▪ ...

Abbildung 7: Veränderungsformel

Das Konzept der Veränderungsformel geht davon aus, dass es verschiedene Faktoren gibt, die eine Verhaltensänderung beeinflussen. Auf der linken Seite der Formel sehen Sie die drei Faktoren „Leidensdruck,“ „positive Vision“ und „erste Schritte.“ Wenn Sie diese Faktoren ins Spiel bringen, können Sie aktiv eine Veränderung bei jemandem voranbringen.

Stellen Sie sich hierfür beispielhaft vor, einem Projektleiter falle es schwer, Aufgaben an andere zu delegieren. Dies führt zu extensiven Arbeitszeiten, was wiederum Probleme im Privatleben auslöst. Sein Lebenspartner versucht, ihn zu überreden, mehr zu delegieren und dadurch seine Arbeitszeiten auf ein erträgliches Maß zu reduzieren.

Leidensdruck bedeutet nichts anderes, als der Person bildhaft vor Augen zu führen, welche negativen Konsequenzen es hat, wenn sich das Verhalten nicht ändert, d. h. wenn derjenige so weitermacht wie bisher.

> **Beispiel: Leidensdruck bei stärkerer Delegation**
> Der Lebenspartner kann anführen: „Wenn Du weiterhin so viel selbst erledigst wie bisher, dann wirst Du
> - eines Tages gesundheitliche Schäden davontragen,
> - unsere Ehe aufs Spiel setzen,
> - Deine Freunde verlieren, da Du keine Zeit mehr für Sie hast,
> - Dir den Ruf als Dein bester Sachbearbeiter einhandeln und dann als Projektleiter nicht mehr anerkannt werden,
> - Deine Teammitglieder frustrieren, schließlich machst Du ja alle interessanten und herausfordernden Aufgaben selbst.“

Um den Leidensdruck zu erhöhen, könnte der Lebenspartner ein wenig dramatisieren. Die Idee dabei ist, dass das in Aussichtstellen von negativen Konsequenzen des eigenen Handelns die Bereitschaft, das Verhalten zu ändern, erhöht. Nun können Sie sich jedoch auch die Situation vorstellen, dass der Druck zu groß wird. Wenn die Situation als zu bedrohlich dargestellt wird, kann sie auch als aussichtslos, unabwendbar und vergeblich wahrgenommen werden. Dies wiederum führt eher zu einer Blockade, als dass sich eine Verhaltensänderung einstellt. Daher berücksichtigen wir auf der linken Seite der Veränderungsformel noch einen zweiten Faktor – nämlich die positive Vision. Unter positiver Vision wird dabei verstanden, alle positiven Konsequenzen, mit denen man bei einer Verhaltensänderung rechnen kann, möglichst bildhaft vor Augen zu führen. Man schildert also demjenigen, der sein Verhalten ändern soll, in schillernden Farben, wie schön das Leben nach einer Verhaltensänderung sein könnte.

> **Beispiel: Positive Vision bei stärkerer Delegation**
> Folgendes könnte der Lebenspartner anführen:
> - „Du wirst pünktlich nach Hause kommen. Wir haben dann Zeit, gemeinsam Sport zu machen, ins Kino oder Restaurant zu gehen."
> - „Wir könnten dann auch unter der Woche Freunde einladen und abends auf der Terrasse gemeinsam beim Sonnenuntergang ein Glas Wein trinken."
> - „Du könntest einfach mal wieder entspannt lesen."
> - "Dein Chef wird Dir auf die Schulter klopfen und Dir gratulieren, weil Du Dein Projektteam gut managst."

Die beiden ersten Faktoren beziehen sich vor allem auf das Wollen. Es wurde zu Beginn dieses Kapitels jedoch beschrieben, dass die Ursachen für ein störendes Verhalten auch in mangelndem Wissen oder Können begründet sein können. Es reicht somit oftmals nicht aus, Leidensdruck und positive Vision anzuführen, um eine Verhaltensänderung bei jemandem zu bewirken. Daher findet sich auf der linken Seite der Veränderungsformel der dritte Faktor „erste Schritte". Hierunter sind pragmatische Tipps zu verstehen, wie jemand sein Verhalten schrittweise umstellen kann. Es handelt sich hierbei um Maßnahmen, die das Wissen oder Können zu beeinflussen.

> **Beispiel: „Erste Schritte" bei stärkerer Delegation**
> Der Lebenspartner gibt folgende Ratschläge:
> „Erstelle eine Liste Deiner Tätigkeiten und unterteile in Aufgaben,
> - die nicht wirklich zielführend sind und streiche diese,
> - die Du leicht delegieren kannst und verteile diese an Dein Team,

- die Du an Dein Team gibst und die an Dich rückdelegiert werden und überprüfe die Gründe dafür.
- Überprüfe die Qualifikation Deiner Mitarbeiter, um festzustellen, an wen Du mehr delegieren könntest.
- Wenn Du zu wenige Ressourcen hast, erarbeite einen Plan, wie Du an mehr Ressourcen gelangen könntest."

Die drei Faktoren Leidensdruck, positive Vision und erste Schritte sind miteinander multiplikativ verknüpft. Dies drückt aus, dass die linke Seite insgesamt null wird, wenn einer der Faktoren gleich null ist. Es soll daran erinnern, dass Sie von allen drei Faktoren hinreichend viel benötigen. So können Sie sich gut vorstellen, dass eine Verhaltensänderung kaum möglich ist, wenn tatsächlich null Leidensdruck herrscht. Das Nichtvorhandensein einer positiven Vision, also die Tatsache, dass nur Druck herrscht, führt häufig zu einer Blockade. Und wenn jemand hochgradig motiviert ist, jedoch keine Idee hat, wie er das Problem angehen soll, ist es äußerst unwahrscheinlich, dass sich tatsächlich eine Verhaltensänderung einstellt. Sie benötigen also von jedem etwas. Hört sich theoretisch einfach an. „Wenn es so einfach ist, warum gelingt es vielen von uns dennoch nicht, Aufgaben konsequent zu delegieren?" fragen Sie vielleicht und zwar zu Recht.

Bislang haben wir ausschließlich die linke Seite der Veränderungsformel betrachtet. Auf der rechten Seite befinden sich die Gründe, die einen Menschen veranlassen, auf seinem bisherigen Verhalten zu beharren. Dem liegt folgender Gedanke zu Grunde: Die Tatsache, dass jemand ein für ihn nachteiliges Verhalten an den Tag legt, ist für viele häufig unerklärlich. Wie kann es z. B. sein, dass jemand zu wenig delegiert, obwohl er damit gesundheitliche Probleme, Störungen in der Beziehung, die Vernachlässigung seiner Freunde etc. in Kauf nehmen muss? Die Tatsache, dass jemand zu viel selbst erledigt und zu wenig Aufgaben abgibt, muss ihm subjektiv irgendwelche Vorteile bieten. Diese Vorteile würde er aufgeben, wenn er sein Verhalten ändern würde. Es würden ihm also dadurch Kosten entstehen, die Kosten der Verhaltensänderung. Es geht dabei um die Frage, was hat derjenige davon, dass er sich so verhält, wie er es tut bzw. was glaubt er durch eine Veränderung seines Verhaltens zu verlieren.

Beispiel: „Kosten der Verhaltensänderung“ bei stärkerer Delegation

Welche Vorteile bietet es jemandem, Aufgaben selbst zu erledigen statt sie an andere zu delegieren?

- Er hat die Sicherheit, dass die Aufgaben in der erforderlichen Qualität erledigt werden.
- Er vermeidet mühselige Diskussionen mit Teammitgliedern, die ihre Aufgaben nicht gemäß seinen Vorstellungen erledigen.
- Viele Sachaufgaben sind inhaltlich spannend und manchmal sogar interessanter als die Projektleitung (durch die Delegation beraubt sich der Teamleiter der spannenden Themen).
- Gewohnheit.

Die Veränderungsformel besagt, dass immer dann eine Verhaltensänderung eintritt, wenn die linke Seite größer ist als die rechte. Auf der rechten Seite befindet sich der Faktor der Kosten der Verhaltensänderung. So lange jemand die Vorteile im Aufrechterhalten des bisherigen Verhaltens subjektiv stärker gewichtet als das, was sich an Leidensdruck, Vision und ersten Schritten auf der linken Seite der Veränderungsformel befindet, wird sich keine Verhaltensänderung einstellen.

Wie kann man nun diese Veränderungsformel dafür nutzen, um eine Verhaltensänderung herbei zu führen?

Sie können an allen Faktoren der Veränderungsformel arbeiten. Dies bedeutet: Sie können den Leidensdruck erhöhen, indem Sie noch deutlicher die negativen Konsequenzen des Verhaltens aufzeigen. Sie können auch daran arbeiten, die positive Vision zu stärken. Weiterhin kann man durch pragmatische Tipps eine Verhaltensänderung deutlich erleichtern. Ein großer Hebel findet sich jedoch darin, die Kosten für eine Verhaltensänderung zu reduzieren. Dies bedeutet: Sie betrachten Stück für Stück die verschiedenen Argumente, die gegen eine Verhaltensänderung sprechen (= Kosten für eine Verhaltensänderung) und versuchen, diese auszuhebeln. In unserem Beispiel hieße dies, dem Workaholic Ideen vorzuschlagen, wie er Aufgaben abgeben kann, ohne die befürchteten Kosten zahlen zu müssen. So könnten Sie z. B. bei einer Delegation durch konsequentes Überprüfen und Hilfestellung sicherstellen, dass ein Mindestmaß an Qualität eingehalten wird. Der Projektleiter könnte sich in Toleranz üben, wenn Aufgaben anders erledigt werden, als er es getan hätte, wenn sie dennoch qualitativ akzeptabel sind etc.

Man arbeitet also systematisch an den verschiedenen Faktoren der Formel, um eine Veränderung herbeizuführen. Hierfür ist es notwendig, dass Sie zunächst einmal herausfinden, welche Argumente bei Ihrem Gegenüber besonders stark verankert sind. Auch hier empfiehlt sich wieder ein persönliches Gespräch mit dem Betroffenen. Sie können jedoch auch ein Brainstorming mit einer neutralen Person durchführen, in welchem Sie darüber nachdenken, was sich hinter den verschiedenen Faktoren bei dem Mitarbeiter verbirgt.

> Beispiel:
> Frau Miller ist Mitarbeiterin der Marketingzentrale eines großen Unternehmens. Zu ihren Aufgaben gehört es, sicher zu stellen, dass das Corporate Design des Unternehmens in den unterschiedlichen Ländern eingehalten wird, wenn diese lokale Marketingaktivitäten durchführen. Hierfür werden monatlich internationale Marketing-Meetings durchgeführt, in denen bevorstehende Marketingaktivitäten besprochen und die Ergebnisse von absolvierten Aktivitäten diskutiert werden. Insbesondere mit Italien ergaben sich dabei wiederholt Probleme. Die italienische Marketing-Mitarbeiterin sichert im Meeting immer wieder zu, dass sie das Corporate Design bei der Gestaltung ihrer Marketingaktivitäten berücksichtigt. De facto hält sie es jedoch nicht ein.

Frau Miller hat mit ihrer italienischen Kollegin bereits mehrfach erfolglos gesprochen. Für Frau Miller ist das Verhalten nicht nachvollziehbar. Entweder sollte ihrer Meinung nach die Kollegin im Vorhinein ankündigen, dass sie einen anderen Weg gehen möchte. Dann könnte man diesen gemeinsam diskutieren. Die andere Option wäre aus Frau Millers Sicht, dass die Kollegin im Meeting die Einhaltung des Corporate Designs zusichert, sich dann aber daran auch verbindlich hält. Frau Miller empfindet das Verhalten ihrer Kollegin als hochgradig unehrlich und hat sie dafür auch schon im Rahmen eines Meetings offen und recht harsch kritisiert. Dies führte dazu, dass die Kollegin alle Vorschläge abnickte und sich wiederum nicht daran hielt. Da sich keine Verhaltensänderung einstellte, analysierte Frau Miller das Verhalten ihrer Kollegin mit Hilfe der Veränderungsformel. Folgende Faktoren erarbeitete sie gemeinsam mit einem Kollegen aus dem Zentralen Marketing im Rahmen eines Brainstormings:

Leidensdruck (Konsequenzen, wenn die Mitarbeiterin Zusagen weiterhin nicht einhält)	**Positive Vision (Welche positiven Folgen hat es für die Mitarbeiterin, wenn sie zukünftig Zusagen einhält?)**
▪ Beschwerde beim übergeordneten Chef ▪ Kontrollanrufe und -besuche durch die Kollegin aus dem Zentralen Marketing ▪ Ruf, kein Teamplayer zu sein ▪ mangelnde Akzeptanz aus dem internationalen Marketing-Team ▪ offenes Rügen des Verhaltens in der monatlichen Marketing-Runde ▪ persönliche Enttäuschung der Marketing-Kollegin	▪ Lob und Anerkennung durch Frau Miller ▪ Lob aus dem Team ▪ einheitliche Darstellung des Unternehmens nach außen

Auf den ersten Blick sieht es so aus, als hätte die Mitarbeiterin einige Möglichkeiten, Leidensdruck bei ihrer Kollegin hervorzurufen. Frau Miller möchte bzw. kann einige jedoch nicht einsetzen. Es ist für sie nicht denkbar, sich bei ihrem Chef zu beschweren, da Frau Miller den Anspruch an sich selbst hat, derartige Probleme unter Kollegen selbst zu lösen. Es wäre zwar eine gute Möglichkeit, durch regelmäßige Kontrollanrufe die Einhaltung des Corporate Designs zu bewirken, realistisch betrachtet, wird Frau Miller jedoch diese Option nicht durchhalten können. Sie vermutet, dass ihr dies aufgrund ihrer hohen Arbeitsbelastung vielleicht zwei oder drei Wochen gelingt, ihre Aktivitäten jedoch dann eher einschlafen würden. Es bleiben als noch drei Argumente, die Frau Miller anbringen kann. Da es sich bei der Kollegin um eine Person handelt, die man am ehesten den Beständigen und Integrativen zuordnen kann, müsste man annehmen, dass die Tatsachen, dass sie für ihr Verhalten im Meeting gerügt wird, andere sie nicht als Teamplayer betrachten und Frau Miller persönlich von ihr enttäuscht ist, für ausreichend Leidensdruck bei ihr sorgen. Die Tatsache, dass sich das Verhalten trotz alledem nicht geändert hat, weist darauf hin, dass es andere Argumente gibt, die die Kollegin an ihrem Verhalten festhalten lassen.

Unter der Rubrik positive Vision finden wir lediglich drei Argumente. Frau Miller schätzt die Situation jedoch so ein, dass das Argument, das Unternehmen würde nach außen einheitlich dargestellt, bei ihrer Kollegin nicht tatsächlich zieht. Es hat also ein geringes Gewicht. Lob und Anerkennung vom Team oder durch Frau Miller selbst schätzt diese so ein, dass sie durchaus für ihre Kollegin eine Bedeutung haben. Dennoch erzielen sie nicht den gewünschten Effekt.

Die Überlegung der ersten Schritte ist für Frau Miller noch weniger ergiebig. Sie könnte sich zwar vorstellen, dass man jemanden, der über wenig Konfliktbereitschaft verfügt, prinzipiell vermitteln könnte, wie man Kritik diplomatisch und für andere akzeptabel äußern kann. Auch gibt es hierfür Ansätze für interkulturelle Teams. Frau Miller ist sich jedoch sicher, dass es bei ihrer Kollegin nicht an mangelndem Wissen oder Können liegt, wenn sie sich zu Zusagen hinreißen lässt, die sie dann nicht einhält.

Daher betrachtet Frau Miller als nächstes die Kosten der Verhaltensänderung (siehe nachfolgende Tabelle).

Das Brainstorming mit dem Kollegen lieferte Frau Miller eine Reihe von Argumenten, die kaum zu ihrer italienischen Kollegin passten. Aspekte wie künstlerische Freiheit, beweisen, dass es auch anders geht und Aufmerksamkeit würden eher zu einem Expressiven passen als zu einem Beständigen und Integrativen. Die anderen beiden Ar gumente scheinen die Faktoren zu sein, die die Kollegin, obwohl sie als Beständige und Integrative einen sehr hohen Wert auf Zuverlässigkeit und Loyalität legt, ihre Zusagen immer wieder nicht einhalten lassen.

Kosten der Verhaltensänderung (Welche Vorteile hat ihre Kollegin davon, dass sie immer wieder Zusagen nicht einhält?)
▪ künstlerische Freiheit ▪ Zentrale beweisen, dass es auch anders geht ▪ Chef der Kollegin ist zufrieden, dass sein Wille gegenüber der Zentrale durchgesetzt wird ▪ Aufmerksamkeit (Man spricht über sie) ▪ glimpflicher Ablauf der Meetings (Wenn sie ihre eigenen Ideen von sich aus ansprechen würde, käme es zu für sie unangenehmen Diskussionen.)

Würde die italienische Kollegin bereits im Meeting zum Ausdruck bringen, dass sie sich nicht an die vorgegebenen Standards hält, würde sich der Zorn des Teams bzw. von Frau Miller gegen sie wenden. Gleichzeitig ist sie jedoch nicht stark genug, die Meinung des Teams gegenüber ihrem eigenen Chef in Italien, dem gegenüber sie sich sehr gerne loyal verhalten möchte, durchzusetzen. Da ihr beides nahezu gleich wichtig ist, kommt es immer wieder zu dieser Situation, unter welcher die Kollegin mindestens genauso leidet wie Frau Miller.

Eine Lösung könnte sich in zwei Richtungen vollziehen. Es ist einerseits denkbar, dass Frau Miller gemeinsam mit ihrer Kollegin überlegt, wie man ihr den Rücken stärken könnte, so dass es ihr besser gelingt, den Chef von der Einhaltung des Corporate Designs zu überzeugen. Frau Miller könnte mit ihrer Kollegin daran arbeiten, wie sie sich gegenüber ihrem Chef behaupten kann, ohne dabei sein Vertrauen zu verlieren. Grundsätzlich ist möglich, einen Kollegen darin zu unterstützen, sich gegenüber dem eigenen Chef durchzusetzen.

Bei einer zurückhaltenden und eher schüchternen Kollegin, wie dies in diesem Beispiel der Fall war, ist dies jedoch äußerst herausfordernd und bedeutet wiederum einen hohen Aufwand an Zeit und Energie.

Folglich erschien es in diesem Beispiel sinnvoller, dass Frau Miller das direkte Gespräch mit dem Vorgesetzten ihrer Kollegin suchte. Hierbei sollte sie sich jedoch an die Punkte, die im Kapitel 2 unter dem Themenblock „Eskalation“ aufgelistet sind (Sicherstellen, dass man alle anderen Schritte vorher erfolglos ausprobiert hat; Dokumentation; Ankündigung der Eskalation etc.), halten.

An Hand dieses Beispiels wird demonstriert, wie Sie die Veränderungsformel nutzen können, um das Verhalten eines Mitarbeiters zu verstehen und auch zu verändern. Der erste Schritt ist dabei, sich in den anderen hinein zu versetzen und zu verstehen, welche Faktoren für oder gegen eine Verhaltensänderung aus seiner Sicht sprechen. Der zweite Schritt ist es, zu versuchen, die Faktoren zu beeinflussen. Hier wägen Sie dann wiederum ab, wie Sie welche Rahmenbedingungen beeinflussen können, um so für den Mitarbeiter eine Verhaltensänderung möglich zu machen.

4.4 Wofür Sie die Veränderungsformel noch einsetzen können

Sie können die Veränderungsformel immer dann einsetzen, wenn Sie sich mit der Veränderung des Verhaltens eines anderen schwer tun. Sie können mit ihr Verhalten erklärbar zu machen. Dies bezieht sich auch auf Verhalten Ihres eigenen Chefs. Sie finden damit auch den Schlüssel zu für Sie schwer nachvollziehbarem Verhalten von Kunden. Vor allem können Sie die Veränderungsformel auch einsetzen, um an sich selbst zu arbeiten. Sie hilft Ihnen, zu verstehen, warum Sie sich bestimmte Dinge vornehmen, es Ihnen aber schwer fällt, diese in die Realität umzusetzen. Darüber hinaus können Sie mit der Veränderungsformel auch das Verhalten von ganzen Organisationen analysieren und dadurch herausfinden, wo Sie effizient ansetzen können, um einen Veränderungsprozess zu initiieren.

Genau wie im obigen Beispiel dargestellt, ist es oft ratsam, gemeinsam mit jemand anderen mit der Veränderungsformel zu arbeiten. Dies gilt vor allem dann, wenn Sie sich schon lange mit einem rätselhaften Verhalten einer oder mehrerer Personen auseinander gesetzt haben. Dies blockiert Sie manchmal darin, Argumente zu den verschiedenen Faktoren zu finden. Daher raten wir Ihnen, gemeinsam mit jemand anderem in Form eines Brainstormings die verschiedenen Faktoren der Veränderungsformel zu bearbeiten. Dabei gilt es, – wie immer im Brainstorming – Masse zu produzieren. Dabei generieren Sie naturgemäß auch eine Vielzahl von Argumenten, die nicht auf den Fall zutreffen. Sei es, weil sie nicht zu der Person, sei es, weil sie nicht zu der Situation passen. Das ist jedoch nicht weiter schädlich. Diese Vorgehensweise stellt jedoch sicher, dass Sie tatsächlich auch eine Handvoll Argumente erarbeiten, die Sie zur Lösung des Problems einsetzen können. Nun ist es an Ihnen, diejenigen auszuwählen, die am meisten Gewicht haben und die somit eine Verhaltensänderung am ehesten wahrscheinlich machen.

Herausforderung 5: Zwischen allen Fronten – Konflikte erfolgreich bewältigen

5.1 Die Herausforderung im Konfliktmanagement als nichtdisziplinarische Führungskraft

Erfolgreich mit Konflikten umzugehen stellt gerade für Sie als nichtdisziplinarische Führungskraft eine wichtige Kompetenz dar. Besonders als fachlicher Vorgesetzter oder z. B. Projektleiter müssen Sie mehr Spannungsfelder aushalten als durchschnittliche disziplinarische Führungskräfte. In der Regel sind die Ressourcen, über die Sie verfügen, noch begrenzter als in der direkten Hierarchie, und außerdem stehen Sie oft vor der Herausforderung, dass Sie diese Ressourcen noch mit anderen, z. B. Linienvorgesetzten und anderen Abteilungen oder Projekten, teilen müssen.

Neben diesen Spannungsfeldern, die aufgrund begrenzter Ressourcen bestehen, kommt es in Ihrer Rolle darüber hinaus noch zu vielen Konflikten, weil Sie in vielen Bereichen in einer „Grauzone" leben. So sind, anders als in der direkten Linienhierarchie, oft Verantwortungen nicht 100-prozentig geklärt und Entscheidungskompetenzen nicht klar definiert. Entsprechend kommt es schnell dazu, dass Sie oder Kollegen gegenseitig voneinander denken, dass der andere sich einmischt, seine Kompetenzen überschreitet oder vielleicht sein Verantwortlichkeiten nicht wahrnimmt.

Die oben genannte Situation führt häufig sowohl zu Konflikten zwischen Ihren Teammitgliedern, als auch zu Konflikten, an denen Sie direkt beteiligt sind. Schwierig ist dabei häufig, dass Sie als nichtdisziplinarische Führungskraft die Teammitglieder oft weniger lange oder gut kennen als die disziplinarische Führungskraft. Das führt dazu, dass es z. B. Projektleitern oft schwerer fällt, Konfliktursachen und Zusammenhänge richtig zu deuten, um entsprechend zielführende Lösungen zu definieren.

In diesem Spannungsfeld von Konfliktpotenzialen und unklaren Verantwortlichkeiten kommt es häufig zu Konflikten, die die Produktivität Ihres Teams hemmen oder völlig zum Erliegen bringen können. Ein weiterer Nachteil, den Sie dann im Vergleich zu disziplinarischen Führungskräften haben, ist, dass Sie nur selten die Möglichkeit haben, Konfliktfälle „mit Macht" von oben zu entscheiden oder zu schlichten. Es steht Ihnen in Ihrer Position und Rolle häufig nicht zu, Entscheidungen per Zwang herbeizuführen, sondern Sie müssen auf partnerschaftliche, einvernehmliche Lösungen setzen.

Das bedeutet in der Summe, dass Sie einerseits eine höhere Wahrscheinlichkeit haben, mit anderen in Konflikt zu geraten oder Konflikte im Team zu haben, und andererseits, dass Ihnen weniger Handlungsmöglichkeiten offen stehen. Trotzdem können Sie Konflikte positiv steuern, wenn Sie die Ihnen zur Verfügung stehenden Instrumente noch besser und umfassender nutzen.

Im Wesentlichen besteht die Herausforderung, Konflikte erfolgreich zu managen, darin:

- mögliche Konfliktpotenziale zu erkennen und ihnen vorzubeugen,
- beginnende Konflikte frühzeitig zu erkennen,
- bestehende Konflikte richtig zu verstehen und zu interpretieren, um Ursachen und Zusammenhänge richtig zu deuten, und
- Lösungen herbeizuführen, ohne Machtmittel einsetzen zu können.

Ob Sie erfolgreich mit Konflikten umgehen, entscheidet sich nicht nur an den Instrumenten, die Sie beherrschen und einsetzen, sondern auch an Ihrer eigenen Persönlichkeit.

5.2 Wie Ihre eigene Persönlichkeit Ihren Umgang mit Konflikten beeinflusst

Nehmen Sie einmal einen Zettel und Stift zur Hand und notieren Sie Wörter, die Ihnen spontan einfallen, wenn Sie an Konflikte denken. Notieren Sie für sich sechs bis zwölf Begriffe.

Schauen Sie nun auf Ihren Notizzettel und überlegen Sie für sich, ob Ihre notierten Begriffe eher eine positive Bedeutung haben oder tendenziell negativ sind oder vielleicht sogar sehr stark negativ sind. Damit bekommen Sie einen allerersten Eindruck davon, wie Ihre persönliche Einstellung gegenüber Konflikten ist. Wenn auf Ihrem Zettel vor allem sehr stark negative Begrifflichkeiten wie z. B. Krieg, Niederlage, Tod, Zerstörung, Hass und ähnliche Wörter stehen, deutet das darauf hin, dass für Sie Konflikte stark negativ behaftet sind. Befinden sich bei Ihren spontanen Gedanken zu Konflikten auch positive Aspekte, wie z. B. Widerspruch der Meinungen, Klarheit, reinigendes Gewitter oder Vereinbarungen?

Bei kaum einem anderen Thema haben unsere persönlichen Einstellungen und Sichtweisen so viel mit unserer Erziehung und Erlebnissen bis zum erwachsenen Alter zu tun. Fragen Sie sich z. B. einmal, wie in Ihrem Elternhaus mit Konflikten umgegangen wurde. Gehörten oder gehören Ihre Eltern oder Ihre Familie zu denjenigen, die Konflikten gerne aus dem Weg gehen, diese vermeiden und unter der Decke der Verschwiegenheit halten, oder wurden in Ihrer Familie früher Konflikte klar ausgetragen, zugelassen und vielleicht konstruktiv gelöst?

Wie es in Ihrem persönlichen Fall auch sei, wichtig ist, dass Sie sich darüber bewusst werden, wie Ihre eigene Konfliktpersönlichkeit ist und wo entsprechend Ihre Stärken oder Verbesserungsfelder liegen. Falls Sie in Kapitel 1 für sich eine Selbsteinschätzung nach unserem Typmodell vorgenommen haben, hier noch einige Anregungen, was typische Konfliktverhaltensweisen der unterschiedlichen Persönlichkeiten sind, und worauf diese achten bzw. was diese noch lernen können.

Der Macher im Konflikt

In Konfliktsituationen zeichnet sich der Macher dadurch aus, dass er:

- Konflikte klar anspricht,
- keine Scheu hat, Meinungsverschiedenheiten auszutragen,
- ziel- und sachorientiert agiert,
- bereit ist, Interessensgegensätze rational zu verhandeln.

Lernen im Umgang mit Konflikten müssen die meisten Macher noch:

- die persönliche, zwischenmenschliche Ebene zu berücksichtigen und Wertschätzung auszudrücken,
- nicht zu forsch und undiplomatisch aufzutreten,
- in den Verhaltensweisen ihrer Kollegen nicht grundsätzlich Machtfragen zu sehen und sich entsprechend schnell provoziert zu fühlen und
- in der Vermittlung von Konflikten zwischen Mitarbeitern diese selbst zu einer Lösung kommen zu lassen, anstatt Entscheidungen vorzugeben.

Der Expressive in Konfliktsituationen

Wenn er sich in einem Konflikt befindet, fällt es dem Expressiven leicht,

- klar seine eigene Meinung und auch seine damit verbundenen Gefühle zum Ausdruck zu bringen,
- die menschliche Ebene in Konflikten zu berücksichtigen,
- offen zu sein für ungewöhnliche Lösungsmöglichkeiten und Kompromisse,

- sich zwar einerseits schnell aufzuregen, andererseits jedoch auch nicht nachtragend zu sein.

Schwer fällt es dem Expressiven dahingegen oft,

- sich nicht gleich persönlich angegriffen zu fühlen,
- ruhig zuzuhören und auch auf der sachlichen Ebene Lösungen zu suchen, anstatt rein emotional zu reagieren,
- schwierige Kompromisse auszuhandeln, bei denen weder das umfangreiche Aushandeln noch das disziplinierte Einhalten von Vereinbarungen Spaß macht.

Der Beständige/Integrative im Konflikt

Wenn er sich in einem Konflikt befindet, ist es für den Beständigen/Integrativen relativ leicht,

- Verständnis für sein Gegenüber zu haben,
- sich zurückzunehmen und seinem Gesprächspartner zuzuhören,
- trotz sachlicher Widersprüche und Meinungsverschiedenheiten, auf einer persönlichen Ebene freundlich und angenehm zu bleiben und
- auch nach stärkeren Auseinandersetzungen wieder Angebote für eine persönliche Zusammenarbeit zu machen.

Deutlich schwer fällt dem Verbindlichen in der Regel,

- seine eigenen Bedürfnisse und Interessen deutlich anzumelden und klar zu kommunizieren,
- sich zu überwinden, Konflikte offen und direkt anzusprechen,
- nicht nachtragend zu sein,
- die Umsetzung von Vereinbarungen und Spielregeln einzufordern und

- vor allem gegenüber Machern bei Ressourcenkonflikten hart zu verhandeln.

So verhält sich der Analytiker in Konfliktsituationen

Im Umgang mit Konflikten zeigt der Analytiker seine Stärken darin, dass er

- bereit ist, ohne persönliche Befindlichkeiten sachlich zu verhandeln,
- einer rationalen Argumentation zugänglich ist,
- mögliche Lösungswege und Kompromissstrategien differenziert betrachtet und ausarbeiten kann,
- er auf einer rationalen Ebene Verständnis für Handlungsnotwendigkeiten anderer hat.

Dabei fällt es dem Analytiker im Konflikt häufig schwer,

- Konfliktursachen auf einer emotionalen, zwischenmenschlichen Ebene überhaupt wahrzunehmen,
- zwischenmenschliche, emotionale Konflikte ernst zu nehmen und als solche zu akzeptieren,
- sich auf wesentliche Konfliktursachen und Themen zu beschränken, anstatt alle Vernetzungen und Detailaspekte zu berücksichtigen,
- seine persönlichen Gefühle zu thematisieren, wenn er sich z. B. ungerecht behandelt oder übergangen fühlt,
- sich als verantwortliche Führungskraft überhaupt die Zeit zu nehmen, sich um Konflikte zwischen Mitarbeitern zu kümmern, wo doch auf der anderen Seite die sachliche Arbeit vielleicht droht liegen zu bleiben.

Fragen Sie sich abschließend noch einmal, wo Ihre persönlichen Stärken und Entwicklungsfelder im Umgang mit Konflikten liegen, und nehmen Sie sich aus den folgenden Kapiteln gezielt diese Aspekte heraus, die Ihnen helfen können, Ihre Schwierigkeiten zu überwinden.

5.3 Wann ist eine Meinungsverschiedenheit ein Konflikt?

Bevor Sie versuchen, Konflikten vorzubeugen, sie zu erkennen und zu bearbeiten, ist es zunächst einmal wichtig, zu verstehen, wann überhaupt ein Konflikt beginnt.

> Dazu ein Beispiel:
> Herr Baumann ist Leiter eines großen Projektes, in dem Herr Meister als Projektmitglied zu 50 Prozent seiner Arbeitszeit zur Verfügung steht. Herr Baumann benötigt Herrn Meister allerdings mindestens zu 70 Prozent seiner Zeit und ist der Ansicht, dass sein Projekt für das Unternehmen von strategischer Bedeutung ist und entsprechend alle Ressourcen zur Verfügung stehen sollten. Auf der anderen Seite möchte der direkte Vorgesetzte von Herrn Meister seinen Mitarbeiter zumindest für 50 Prozent seiner Kapazität für sich behalten, um wichtige Aufgaben in der Fachabteilung erledigen zu können.

Befinden sich Herr Baumann und der Vorgesetzte von Herrn Meister in einem Konflikt?

Die Antwort ist nein! Herr Baumann und der disziplinarische Vorgesetzte von Herrn Meister befinden sich noch in keinem Konflikt, Sie haben lediglich eine Meinungsverschiedenheit darüber, wie viel Prozent seiner Zeit Herr Meister im Projekt bzw. in der Fachabteilung arbeiten sollte. Es besteht absolut noch die Möglichkeit, dass Herr Baumann und der disziplinarische Vorgesetzte von Herrn Meister, Herr Kehrhoff, ein Gespräch darüber führen, wie mit den Ressourcen von Herrn Meister zu verfahren sei. Es könnte sich z. B. der folgende Dialog ergeben:

> Herr Baumann: „Sehen Sie, Herr Kehrhoff, aufgrund der strategischen Bedeutung dieses Projektes benötige ich Herrn Meister mindestens zu 70 Prozent seiner Zeit in unserem Projekt!"
> Herr Kehrhoff: „Also wissen Sie, Herr Baumann, es mag ja sein, dass Herr Meister für Ihr Projekt wichtig ist, allerdings habe ich ohnehin schon viele Probleme, weil ich Herrn Meister nur noch zu 50 Prozent bei uns in der Fachabteilung habe, und diese Probleme kann ich nicht noch verschärfen, indem ich ihn noch weiter freistelle."
> Herr Baumann: „Ich verstehe Ihre Probleme, aber mindestens für die Dauer von zwei Monaten müsste ich Herrn Meister stärker einbinden können. Sie können diese Zeit doch sicherlich durch andere Kollegen überbrücken, oder?"
> Herr Kehrhoff: „Das genau ist das Problem, ich habe ohnehin zu wenig Personal in meiner Abteilung und ein noch größerer Verzicht auf Herrn Meister ist für mich völlig ausgeschlossen, das ist mein letztes Wort!"

Haben Herr Baumann und Herr Kehrhoff jetzt einen Konflikt?

Zumindest haben sie nicht nur eine Meinungsverschiedenheit, sondern sie sind anscheinend nicht in der Lage, sich gegenseitig zu überzeugen. Dennoch haben sie derzeit noch keinen Konflikt. Immerhin könnte es sein, dass Herr Baumann im Nachgang zu diesem Gespräch noch einmal über die Situation nachdenkt und für sich zu dem Schluss kommt: „Na was soll's, es geht auch mit 50 Prozent seiner Zeit". In diesem Fall wäre es kein Konflikt, weil es Herrn Baumann möglich ist, diese Meinungsverschiedenheit zu tolerieren. Das bedeutet, dass es ihm beim weiteren Nachdenken über den Fall nicht wichtig genug erscheint, in eine Auseinandersetzung zu gehen.

Dies ist ungefähr so, als ob zwei Fans unterschiedlicher Fußballvereine diskutieren, welcher Verein der bessere ist und am Ende zu dem Schluss kommen, dass sie sich zwar gegenseitig nicht überzeugen können, es für beide jedoch auch nicht wichtig ist, den anderen zu bekehren. Der Konflikt beginnt erst, wenn der Gegenstand der Meinungsverschiedenheit einem der beiden Beteiligten in keinster Weise egal ist. In diesem Fall würde unser Gespräch zwischen Herrn Baumann und Herrn Kehrhoff vermutlich folgendermaßen weiterlaufen:

> Herr Kehrhoff: „Das genau ist das Problem, ich habe ohnehin zu wenig Personal in meiner Abteilung und ein noch größerer Verzicht auf Herrn Meister ist für mich völlig ausgeschlossen, das ist mein letztes Wort!"
> Herr Baumann: „Also Herr Kollege, damit kann ich in keinem Fall leben. Sie wissen selber genau, dass die Geschäftsführung diesem Projekt eine absolut hohe Priorität eingeräumt hat, und alle Fachabteilungen aufgerufen wurden, unser Team nach besten Kräften zu unterstützen."
> Herr Kehrhoff: „Ja, und ich habe ja bereits meinen besten Mann, Herrn Meister, zu 50 Prozent zur Verfügung gestellt! Außerdem wird die Geschäftsführung, der Ihr Projekt so am Herzen liegt, genau die gleiche Geschäftsführung sein, die mich am Ende des Jahres fragt, warum ich meine Ziele nicht erreicht habe, wenn ich Ihnen Herrn Meister vollständig zur Verfügung stelle. Ich bin auf keinen Fall bereit, die Produktivität meiner Abteilung unter das notwendige Mindestmaß fallen zu lassen. Wenn Sie sich mit diesem Projekt um jeden Preis bei der Geschäftsführung profilieren möchten, müssen Sie eben Mitarbeiter aus anderen Bereichen anfordern!"
> Herr Baumann: „Es geht hier nicht um meine persönliche Profilierung, sondern um die Zukunft dieses Unternehmens!"
> Herr Kehrhoff: „Wenn Ihnen die Zukunft dieses Unternehmens so am Herzen liegt, dann sollten Sie auch mal darüber nachdenken, welche Bedeutung die Arbeit meiner Fachabteilung hat, anstatt nur Ihr Projekt im Kopf zu haben!"

In diesem Dialog wird deutlich, Herr Baumann und Herr Kehrhoff haben nicht nur eine Meinungsverschiedenheit und kein Argument überzeugt, sondern es ist ihnen auch keinesfalls egal, wie die Entscheidung in Bezug auf Herrn Meister ausgeht. Außerdem taucht schon in diesem kurzen Dialog ein weiterer Aspekt auf, der bezeichnend für Konfliktsituationen ist: Es wird emotional!

Obgleich die beiden auf der einen Seite über die sachliche Notwendigkeit für das Projekt oder die Fachabteilung diskutieren, tauchen auf der persönlichen Ebene zunehmend Vorwürfe oder Unterstellungen auf. Der eine unterstellt dem anderen, dass er nicht im Interesse des gesamten Unternehmens handelt, und der andere unterstellt dem einen, dass er nur an seine persönliche Profilierung denkt. Spätestens an diesem Punkt wird deutlich, dass den beiden auch diese Aspekte nicht egal sein können.

Das bedeutet insgesamt, eine Meinungsverschiedenheit wird zu einem Konflikt, wenn

- kein Argument überzeugt,
- es ist nicht gleichgültig ist,
- Emotionalität hinein kommt.

Erst wenn diese Bedingungsfaktoren erfüllt sind, kann man tatsächlich von einem Konflikt sprechen.

Persönlichkeiten, mit denen man besonders schnell und häufig in Konflikte gerät

Anhand der oben geschilderten Faktoren, die gegeben sein müssen für einen Konflikt, kann man schnell ableiten, bei welchen Personen man besonders vorsichtig sein muss, um nicht in einen Konflikt zu geraten. Besonders konfliktträchtige Persönlichkeiten sind Menschen, die

- besonders intolerant sind
  - diesen ist eben fast nichts „egal“
- die eine geringe Belastbarkeit haben
  - entsprechend schnell sind diese Persönlichkeiten genervt und Emotionalitäten kommen auf

- besonders gerne empfindlich reagieren
  - diese nehmen viele Dinge persönlich, damit sind diese sowohl nicht „egal“ als auch mit Emotionen verbunden
- besonders nach Geltung oder Macht streben
  - weil sie im Zweifelsfall sofort ihr eigenes „Territorium“ bedroht sehen, oder
- besonders neidisch oder missgünstig sind
  - denn es ist ihnen nicht egal, wenn andere erfolgreich sind

Wenn Sie im Rahmen von Projekten und Teamarbeiten mit Kollegen und Mitarbeitern zusammenkommen, mit denen Sie bislang wenig Erfahrung gemacht haben, dann sind Sie gut beraten, besonders auf diese Charaktereigenschaften und Grundhaltungen zu achten. Dadurch ist bereits der erste Schritt getan, möglichen Konflikten vorzubeugen, indem Sie diese Dinge berücksichtigen und z. B. den machtorientierten Kollegen explizit einbinden und darauf hinweisen, dass Sie ihm nicht „in seinen Verantwortungsbereich funken“ wollen. Ebenso können Sie auf besonders empfindliche Kollegen eingehen, indem Sie verstärkt auf diplomatische Formulierungen achten und Sensibilität für deren Reaktionen entwickeln. Im Umgang mit dem wenig belastbaren Mitarbeiter könnten Sie z. B. mit diesem über eine alternative Aufgabenverteilung sprechen. Generell kann es für Sie hilfreich sein, sich im Umgang mit schwierigen Teammitgliedern immer wieder bewusst zu machen, dass deren Verhalten nicht persönlich gemeint ist und es nicht an Ihnen liegt.

Besonders schwierig wird es mit Teammitgliedern, die sehr intolerant sind und dadurch keine andere Vorgehensweise als ihre eigene akzeptieren und schlimmstenfalls auch gegenüber Kollegen anderen Geschlechts, anderer Herkunft, Hautfarbe oder Religion starke Vorbehalte haben. Sollte Ihnen eine derart stark ausgeprägte Intoleranz begegnen, empfiehlt es sich, das Verhältnis zu solchen Kollegen oder Teammitgliedern auf 100 Prozent beruflicher Basis zu halten und möglichst jede Diskussion über Religion, Politik oder ähnliche Themen zu vermeiden. Auch im Sinne einer positiven Zusammenarbeit innerhalb des Teams kann es sein, dass Sie zu dem Schluss kommen, dass es besser ist, auf diesen Mitarbeiter im Team zu verzichten.

5.4 Vorsorge ist besser als Nachsorge – Wie Sie Konflikten vorbeugen

Neben dem gezielten Umgang mit einigen besonderen Konfliktpersönlichkeiten ist es gerade als nichtdisziplinarische Führungskraft wichtig, mögliche Konfliktfelder frühzeitig zu erkennen und diesen vorzubeugen, bevor sie eskalieren und nur noch mit einem „Machtwort“ gelöst werden können, das Sie als nicht disziplinarische Führungskraft zumeist gar nicht sprechen können. Gerade, wenn Sie projektbezogen arbeiten oder als fachlicher Vorgesetzter in einer Querschnittsfunktion sind, haben Sie viele mögliche Spannungsfelder dadurch, dass etliche Grauzonen in Bezug auf Verantwortlichkeiten, Ressourcenzuteilungen usw. entstehen und Entscheidungskompetenzen und Prozesse nicht immer ausreichend definiert sind. Sie befinden sich somit in einem Feld, bei dem Konflikte sozusagen „vorprogrammiert sind“.

In diesem Zusammenhang gilt die Grundregel, je mehr Schnittstellen zu anderen Bereichen, Verantwortungen und Projekten Sie haben, desto höher ist die Wahrscheinlichkeit, dass unterschiedliche Interessen, Ziele und Ansichten über Ressourcenverteilungen aufeinanderprallen. Gerade als Leiter interner Projekte überschneiden sich die eigenen Handlungsfelder mit vielen anderen Fachbereichen, Prozessen und Verantwortungen. Erschwerend hinzu kommt oft noch, dass Ihr disziplinarischer Vorgesetzter einen sehr hohen Anspruch an die Ergebnisqualität und die Geschwindigkeit der Aufgabenbearbeitung hat, man in der Regel aber nur über suboptimale Ressourcen, sei es technisch oder personell, verfügt. Wie kann man also möglichen Konflikten aufgrund dieser Spannungsfelder vorbeugen, um die eigenen, begrenzten Ressourcen nicht noch in Konflikten zu verschleißen?

Konflikten vorbeugen durch Spielregeln

Aufgrund der unterschiedlichen Spannungsfelder, in denen Sie sich als nichtdisziplinarische Führungskraft noch verstärkt befinden, ist es ratsam, mit Ihren unterschiedlichen Schnittstellen Spielregeln und Regelungen zu finden, die dort Klarheit schaffen, wo bislang vielleicht „Grauzonen" herrschten. Dies kann sich z. B. schon darauf beziehen, dass innerhalb Ihres Teams eine unklare Zuordnung von Verantwortlichkeiten und unterschiedlichen Rollen besteht, die Sie beispielsweise im Rahmen einer Kick-off-Veranstaltung durch klare Aufgaben- und Verantwortungsverteilung positiv beeinflussen können. Auch kann es sinnvoll sein, interne Spielregeln zur Zusammenarbeit zu definieren, damit nicht unterschiedliche Vorstellungen von Projektmeetings, Pünktlichkeit, Vorbereitet-Sein und Ähnliches aufeinanderprallen. Es ist hier wichtig, dass Sie für Ihr Team gemeinsame Standards definieren, die für alle verbindlich gelten.

Eine weitere wesentliche Schnittstelle ist diejenige zu Ihrem bzw. dem disziplinarischen Vorgesetzten Ihrer Teammitglieder. Hier besteht vor allem das Potenzial für einen Konflikt im Bezug auf Verantwortlichkeiten und zeitliche Ressourcen. Versuchen Sie auch hier im Vorfeld möglichst klare Regelungen zu treffen, indem Sie sich mit einzelnen disziplinarischen Vorgesetzten darüber verständigen, mit welchen Ressourcen Teammitglieder für Sie zur Verfügung stehen und welche Dinge Sie unmittelbar mit diesen regeln können und wo sich der disziplinarische Vorgesetzte eine persönliche Einbeziehung wünscht. Eine Spielregel kann dabei auch sein, dass Sie mit den jeweiligen disziplinarischen Vorgesetzten vereinbaren, dass diese direkt auf Sie zukommen, falls diese sich über Sie ärgern oder Handlungen von Ihnen nicht verstehen. Auf diesem Weg wird vermieden, dass diese sich in eine negative Sichtweise Ihrer Person oder Ihres Projektes versteifen, die als eine Summe vieler Kleinigkeiten am Ende insgesamt kaum noch zu bearbeiten ist. Es ist wichtig, dass auch kleinere Probleme hier frühzeitig aktiv angesprochen und geklärt werden können.

Denken Sie einmal darüber nach, wo Ihre typischen Spannungsfelder und Konfliktpotenziale liegen und welche Regelungen Sie bereits getroffen haben oder wo Sie noch persönlich Regelungsbedarf für sich sehen. Fragen Sie sich auch, welche Spielregel oder Vereinbarung aus Ihrer Sicht sinnvoll wäre und ob diese auch für Ihre Gesprächspartner akzeptabel sein könnten. Auf der Suche nach möglichen Spannungsfeldern können Sie sich an folgenden Fragen orientieren:

Wo gibt es Differenzen in der Zielausrichtung zwischen Ihnen und anderen Bereichen?	Notizen
Wo haben Sie Zugriff auf gemeinsame Ressourcen mit anderen?	
In welchen Bereichen besteht ein hohes Maß an gegenseitiger Abhängigkeit mit anderen Schnittstellen?	
Wo sitzen typische konfliktträchtige Persönlichkeiten?	
und z. B. im Rahmen von Projekten: Wer sind die Stake Holder bei Ihrem Projekt? Das bedeutet, welche Personengruppen oder Personen haben ein unmittelbares Interesse am Inhalt und den Ergebnissen Ihres Projektes und den damit verbundenen Entscheidungen?	

Checkliste 6: Fragen auf der Suche von Spannungsfeldern

Wie Sie Konflikten vorbeugen, indem Sie für Toleranz und Verständnis sorgen

Trotz aller Spielregeln und Vereinbarungen sind Prozesse, Projekte und Verantwortlichkeiten in modernen Unternehmen häufig so komplex und mit anderen Bereichen vernetzt, dass kaum mit allen Spielregeln und Vereinbarungen getroffen werden können. Oft ist es schwer, im Vorfeld eines Themas überhaupt zu erkennen, wo Regelungsbedarf besteht. Um nicht „alles regeln“ zu müssen, ist es wichtig, dass Sie dazu beitragen, dass innerhalb Ihres Teams und auch im Umgang mit Ihren Schnittstellen möglichst viel Toleranz und Verständnis im Umgang miteinander herrscht. Aber wie schaffen Sie Toleranz und Verständnis?

Die wichtigste Voraussetzung dafür besteht darin, dass Sie nicht nur die Ziele Ihrer eigenen Arbeit für sich geklärt haben, sondern diese auch sowohl innerhalb Ihres Teams als auch mit Ihren Schnittstellenpartnern besprochen haben. Nur, wenn Ihren Schnittstellenpartnern deutlich wird, welche Zielstellung Ihr Team oder Projekt verfolgt und welche Bedeutung dies für das Unternehmen insgesamt hat, wird man Ihnen Verständnis für bestimmte Handlungsnotwendigkeiten entgegenbringen. Dabei können Sie selbstverständlich nur da Verständnis erwarten, wo auch Sie bereit sind, selber die Sichtweisen und Notwendigkeiten Ihrer Kollegen anzuerkennen. Das bedeutet konkret, dass es wichtig ist, sich mit Ihren Schnittstellenpartnern zusammenzusetzen und sich gegenseitig über Zielsetzungen und Notwendigkeiten zu informieren.

Neben diesem Verständnis auf der sachlichen Ebene ist es ebenso wichtig, Toleranz und Verständnis auf der persönlichen, zwischenmenschlichen Ebene zu schaffen. Letztendlich entscheidet sich viel daran, ob es Ihnen gelingt, ein Vertrauensverhältnis zu Ihren Kollegen und innerhalb Ihres Teams aufzubauen. Die Basis dieses Vertrauensverhältnisses ist ein persönliches Kennenlernen, das sich vor allem auch durch informelle Kontakte aufbaut. Es ist wichtig, dass Sie mit Kollegen und Mitarbeitern zwischendurch auch einmal einfach einen Kaffee trinken, über allgemeinere oder persönliche Dinge sprechen oder sich vielleicht auch mal nach Feierabend bei einem Bier treffen. So wird zumindest eine Basis geschaffen, persönlich eine positive Grundeinstellung gegenüber dem anderen aufzubauen. Mit dieser positiven Grundeinstellung fällt es nachher leichter, Handlungsweisen, die einem zunächst unverständlich oder vielleicht sogar „falsch" erscheinen, verständnisvoller zu betrachten oder zunächst einmal zu hinterfragen, bevor man sich aufregt, Gegenreaktionen einleitet oder Ähnliches.

Selbst, wenn einzelne Schnittstellenpartner Ihr Angebot zum persönlichen Kennenlernen nicht wahrnehmen möchten, haben Sie trotzdem Interesse und eine positive Grundeinstellung diesen gegenüber signalisiert. Nachdem Sie die Basis für eine persönlich vertrauensvolle Arbeitsbeziehung gelegt haben, ist es selbstverständlich wichtig, dieses Vertrauen nicht zu enttäuschen, sondern durch konkretes Handeln zu bestätigen. Vor allem das Einhalten von Zusagen und der vertrauliche Umgang mit Informationen sind hierbei wichtig.

Denken Sie dabei nicht nur daran, dass Sie selber vertrauensvolle Beziehungen zu Ihren Schnittstellenpartnern aufbauen, sondern ermöglichen Sie dies auch Ihren Teammitgliedern. So kann z. B. eine halbtägige Entsendung einzelner Teammitglieder in unterschiedliche Fachbereiche oder andere Projekte dazu führen, dass ein besserer Kontakt entsteht und mehr Verständnis für die Handlungen der anderen aufgebaut wird. Intern innerhalb Ihres Teams ist es dabei wichtig, dass Sie, wie in Kapitel 1 beschrieben, für einen wertschätzenden Umgang miteinander sorgen und entsprechend das Arbeitsklima und das Teamverhalten insgesamt im Auge behalten. Auch kürzere Team-Events, wie gemeinsame Freizeiterlebnisse, können hier hilfreich sein.

Betrachten Sie gerade zu Beginn Ihrer Zusammenarbeit im Team oder Ihrer Arbeit mit Kollegen an anderen Schnittstellen den Aufbau einer vertrauensvollen Beziehung als wichtige Investition. Es lohnt sich oft mehr, zu Beginn in den Beziehungsaufbau zu investieren, um dann reibungslos und gut abgestimmt arbeiten zu können, als hastig zu starten und nachher eine Vielzahl von Konfliktbaustellen zu haben, die alle Ihre Aufmerksamkeit benötigen und häufig unkontrolliert eskalieren.

Trotz dieser Investitionen in die Vorbeugung von Konflikten kann es selbstverständlich passieren, dass Konflikte auftauchen. Wichtig ist dann, dass Sie Sensibilität für Konfliktsignale entwickeln, um diese frühzeitig bearbeiten und einer möglichen Eskalation vorbeugen zu können.

5.5 Konfliktsignale sicher und frühzeitig erkennen

Um mehr Sensibilität für mögliche Konflikte zu entwickeln, müssen Sie sich der wesentlichen Konfliktsignale bewusst sein. Dies gilt sowohl für Signale, die andere vielleicht im Umgang mit Ihnen senden, als auch für Konfliktsignale zwischen Ihren Teammitgliedern. Folgende typische Konfliktsignale sollten Sie beachten, wobei grundsätzlich gilt, für Veränderungen sensibel zu werden und Abweichungen vom „normalen" Verhalten in Ihrem Unternehmen zu bemerken. Die folgenden Signale kennzeichnen in ihrem Verlauf eine zunehmende Eskalation eines Konfliktes:

1. rein sachliche Kommunikation ohne persönliche Signale, wie z. B. Lächeln oder persönliches Interesse
2. kurz angebunden sein im Umgang miteinander
3. häufige Meinungsverschiedenheiten, die über unterschiedliche Themenbereiche hinweg reichen
4. übermäßig stark engagiert geführte Diskussionen und verhärtete Positionen mit zunehmend weniger Verhandlungsbereitschaft
5. Pauschalierungen und Verallgemeinerungen bei der Beschreibung von anderen („die sind doch immer ...", „typisch Marketing …")

6. negatives Reden übereinander und im direkten Umgang, persönliche Bemerkungen oder Sticheleien (z. B. „... klar, dass gerade Sie ...")

7. direkte, offene Angriffe, die keine Toleranz mehr erlauben (z. B. „... Sie haben doch gar keine Ahnung ...", „... Sie ignorieren doch ständig ...", „...wenn Sie das tun, dann werde ich dafür sorgen, dass..."). Diese persönlichen, offenen Angriffe sind oft damit verbunden, dass allein schon deshalb keine Toleranz im Umgang damit mehr herrschen kann, weil diese sofort mit einem Gesichtsverlust verbunden wäre

8. Aufstellen eigener Truppen der beteiligten Konfliktparteien (z. B. Aufbau von Allianzen oder klaren Fronten mit der Maßgabe: „Entweder Sie sind auf deren Seite oder auf unserer.")

9. Umsetzung von Handlungen, die allein darauf abzielen, die Gegenpartei zu schädigen oder zu schwächen, ohne dass sich ein eigener Nutzen einstellt (z. B. dafür zu sorgen, dass ein Kollege ein bestimmtes Budget nicht bekommt, obwohl es dem anderen selber gar nichts nutzt)

10. Schädigung der anderen Seite um jeden Preis, selbst wenn dies mit einer Schwächung oder Schädigung der eigenen Seite verbunden ist („... den mache ich fertig, selbst wenn ich dadurch ...")

Wie Sie im Verlauf der Eskalationsschritte sehen, entstehen spätestens ab Stufe vier problematische Verhaltensweisen, die Ihren Teamerfolg auf jeden Fall behindern und auf keinen Fall fördern.

Damit es nicht zu dieser Eskalation kommt, müssen Sie frühzeitig aktiv werden. Auf der anderen Seite werden Sie jetzt sicher denken: „Na, wenn ich jeder kleinen Spannung hinterher renne, führe ich ja nur noch Klärungsgespräche und keiner kommt mehr zum Arbeiten." Entsprechend stellt sich die Frage, wie Sie einerseits frühzeitig aktiv werden können, aber andererseits dabei möglichst wenig eigene Ressourcen verbrauchen.

Sobald Sie merken, dass Konfliktsignale z. B. zwischen Mitarbeitern auftauchen, sollten Sie die nächstbeste Gelegenheit nutzen, um die entsprechenden Konfliktparteien jeweils einzeln darauf anzusprechen. Beachten Sie dabei die Feedback-Regeln (vgl. Kapitel 3) und schildern Sie Ihren eigenen Eindruck bzw. Ihr Gefühl. Vermeiden Sie es, Teammitgliedern einen Konflikt „einreden“ zu wollen, den diese vielleicht gar nicht sehen oder auch gar nicht thematisieren möchten.

Manche Führungskräfte neigen dazu, Gespräche dieser Art verlaufen ungefähr so:

> Führungskraft: „Ach übrigens, Herr Hauser, mir ist aufgefallen, dass Sie in letzter Zeit öfter Probleme mit Herrn Kienzle haben.“
> Herr Hauser: „Mit Herrn Kienzle? Wie kommen Sie denn darauf?“
> Führungskraft: „Na hören Sie mal, so wie Sie sich im Meeting angucken und die Sticheleien, die Sie gegenseitig austauschen!“
> Herr Hauser: „Na ja, man wird doch noch mal offen seine Meinung sagen dürfen, oder?“
> Führungskraft: „Na, am besten setzen wir uns mal zu dritt zusammen und klären das.“
> Herr Hauser: „Ein Klärungsgespräch? Wieso das denn? Ich hab überhaupt kein Problem mit Herrn Kienzle.“ …

Sie können sich vorstellen, wie ein daraufhin erzwungenes Dreiergespräch zwischen Herrn Hauser, Herrn Kienzle und der Führungskraft verläuft. Sollte auch Herr Kienzle der Ansicht sein, dass hier gar kein Konflikt besteht, so wird unsere Führungskraft vermutlich verzweifelt versuchen, den beiden zu beweisen, dass sie einen Konflikt miteinander haben.

Stattdessen ist es wichtig, dass Sie in der Ansprache der einzelnen Mitarbeiter zunächst einmal nach der „Stimmung“ fragen und dann konsequent mit Ich-Botschaften arbeiten und Ihren eigenen Eindruck schildern.

> Führungskraft: „Ach übrigens, Herr Hauser, wie läuft eigentlich aus Ihrer Sicht die Zusammenarbeit mit Herrn Kienzle?“
> Herr Hauser: „Ganz gut, warum fragen Sie?“
> Führungskraft: „Nun, ich hatte in letzter Zeit den Eindruck, dass es vielleicht die eine oder andere Spannung zwischen Ihnen gibt, so haben Sie z. B. im letzten Meeting zweimal so etwas gesagt wie: ‚Das ist doch typisch für Sie.‘“
> Herr Hauser: „Na ja, Herr Kienzle war ja auch nicht immer freundlich zu mir.“

Es ist wichtig, dass Sie zunächst einmal lediglich Ihren Eindruck schildern, und sollte Ihr Teammitglied daraufhin kein Problem im Umgang mit seinem Kollegen sehen, so sprechen Sie das Thema auf die gleiche Art und Weise auch bei dem anderen Mitarbeiter an. Sollte von beiden das Feedback kommen, dass sie kein Problem sehen, haben Sie zwei Dinge erreicht:

1. Sie haben das Angebot gemacht, darüber zu sprechen und gesehen, dass beide zunächst einmal nicht mit Ihnen darüber sprechen möchten, und

2. Sie haben beiden signalisiert, dass Ihnen etwas aufgefallen ist, und beide Mitarbeiter haben nun Gelegenheit, selber einmal darauf zu achten bzw. Ihr Verhalten zu überdenken.

Was machen Sie, wenn zumindest einer von beiden Ihnen signalisiert, dass er sehr wohl ein Konfliktthema mit seinem Kollegen hat? Die meisten Führungskräfte machen dann den Fehler, sofort ein Dreiergespräch anzuberaumen und sich „einzumischen“. Besser ist es sicher, erst einmal die Verantwortung zur Lösung von Konflikten bei den Mitarbeitern selber zu belassen. Dies kann folgendermaßen aussehen:

> Herr Hauser: „Na ja, Herr Kienzle war ja auch nicht immer freundlich zu mir.“
> Projektleiter: „Haben Sie Herrn Kienzle schon einmal darauf angesprochen?“
> Herr Hauser: „Nein, eigentlich noch nicht ...“
> Projektleiter: „Na dann machen Sie das doch mal, ich glaube, es wäre ganz gut, wenn Sie das miteinander klären. Bis wann

denken Sie, dass Sie dieses Gespräch geführt haben könnten? Ich würde mich freuen, wenn Sie mir dann Rückmeldung dazu geben, wie es gelaufen ist."

Auf diese Art und Weise bleibt die Verantwortung zur Problemlösung zunächst einmal bei Ihren Mitarbeitern, und Sie setzen so auf die „Selbstheilungskräfte" Ihres Teams. Wenn zumindest einer von beiden dann wieder auf Sie zukommt und sagt, dass das Gespräch mit dem Kollegen nicht gefruchtet hat, hinterfragen Sie zunächst einmal, wie genau er das Gespräch geführt hat, ob er z. B. die Feedback-Regeln eingehalten hat und ob das kritische Thema tatsächlich konstruktiv und zielorientiert thematisiert wurde. Erst, wenn dies eindeutig geschehen ist, bieten Sie sich an, ein Gespräch zu dritt zu führen, bei dem Sie die Rolle des Moderators einnehmen.

Lassen Sie sich auf keinen Fall darauf ein, dass ein Teammitglied Sie zu einem anderen Teammitglied vorschickt, um den Konflikt oder das Problem zu lösen, so nach dem Motto: „Sagen Sie doch mal dem Kienzle, dass er zuverlässiger arbeiten muss!" Im Zweifelsfall wären Sie dann in der Situation, dass Sie Feedback zu einer Sache geben müssten, die Sie als Leiter des Teams vielleicht gar nicht erlebt haben. Das führt dann häufig zu folgender Konstellation:

Führungskraft: „Ja, Herr Kienzle, ich wollte mit Ihnen noch über Ihr Verhalten im Team sprechen."
Herr Kienzle: „Was meinen Sie denn damit?"
Führungskraft: „Na ja, darüber, dass Sie häufig Sticheleien verteilen und interne Zusagen nicht einhalten."
Herr Kienzle: „Was denn für Sticheleien und welche Zusagen?"
Führungskraft: „Na, ich habe gehört, dass Sie häufiger Kollegen gegenüber Sticheleien austeilen und dass Sie sich bei der gemeinsamen Arbeit an Teilaufgaben nicht an Terminvereinbarungen halten."
Herr Kienzle: „Wer sagt das? Hat sich jemand über mich beschwert? Wer war denn das?"
Führungskraft: „Ja das tut jetzt nichts zur Sache, auf jeden Fall müssen Sie da Ihr Verhalten ändern!"

> Herr Kienzle: „Entschuldigen Sie mal, das ist einfach nicht wahr, ich halte mich an vereinbarte Abgabetermine und ich weiß gar nicht, von welchen Sticheleien Sie da reden.“

Sie können sich vorstellen, wie offen Herr Kienzle dafür sein wird, auf Basis dieses Feedbacks sein Verhalten zu ändern. Auf der anderen Seite wird auch seine Führungskraft das Gespräch nicht als sehr erfreulich empfunden haben, weil er spätestens jetzt gemerkt hat, dass er kaum konkretes Feedback geben kann, wenn er lediglich über Hörensagen spricht. Er hat in diesem Fall eher Misstrauen geweckt und die Zusammenarbeit im Team und mit ihm persönlich beschädigt, als eine Veränderung bei seinem Mitarbeiter zu erreichen.

5.6 Ursachen von Konflikten verstehen

Um Konflikte zielorientiert bearbeiten zu können, ist es wichtig, die Ursachen, die dahinter stecken, zu verstehen. Auch hier gilt: wie beim Arzt ist es wichtig, zunächst einmal eine klare Diagnose zu haben, bevor man mit einer Therapie beginnt. Dafür ist es wichtig, die Rahmenbedingungen, Beteiligten und mögliche Ursachen zu betrachten.

Wenn Sie einen Konflikt analysieren, stellen Sie sich die Fragen aus Checkliste 7, um ein besseres Konfliktbewusstsein zu bekommen.

Durch diese Analyse gelingt es Ihnen, Ihr gesamtes Wissen über den Konflikt zu aktivieren und systematisch niederzuschreiben. So bekommen Sie gerade bei verstrickten und komplexen Konflikten einen besseren Überblick und ein erstes Verständnis zu möglichen Ursachen und Zusammenhängen.

Selbstverständlich ist es wichtig, dass Sie dazu nicht nur die beteiligten Konfliktparteien beobachten und sich Ihre Gedanken machen, sondern vor allem beiden Seiten die o.g. Fragen stellen, um so einen direkten, unmittelbaren Eindruck zu gewinnen. Oft genug ist es so, dass man bereits bei der Analyse des Konfliktes erste Ideen bekommt, wie mögliche Lösungswege, Kompromisse oder Ansatzpunkte ausse-

Wer sind die Konfliktbeteiligten?	Sind es z. B. zwei Personen oder mehrere und inwieweit betrifft es die beiden persönlich oder sind diese lediglich Vertreter einer Interessensgruppe oder eines Bereiches? Welche Interessen verfolgen die involvierten Parteien und was sind ihre Grundpositionen?	Notizen
Was ist der Konfliktgegenstand?	Worum geht es eigentlich? Handelt es sich um einen Konflikt in Bezug auf Ressourcen, was ist das zentrale Thema, ist es nur ein Thema oder kommen mehrere Themenbereiche zusammen?	
Welche Konfliktsignale haben sich gezeigt?	Welche Eskalationsstufe liegt vor, welche Verhaltensweisen deuten auf einen Konflikt hin, gibt es auch Verhaltensweisen, die in eine andere Richtung zeigen?	
Wie ist die Entwicklungsgeschichte des Konfliktes?	Gab es einen bestimmten Anlass oder Auslöser, wie hat sich der Konflikt mit der Zeit verändert? Wie heftig ist der Konflikt eskaliert und was sind typische Verhaltensweisen der Konfliktparteien?	
Warum hat sich der Konflikt noch nicht gelöst?	Viele Dinge werden selber gelöst oder lösen sich von alleine, was hält diesen Konflikt aufrecht? Welche Versuche wurden in der Vergangenheit schon unternommen, und welchen Ausgang hatten diese?	

Checkliste 7: Fragen zur Konfliktanalyse

hen könnten. Auf der anderen Seite sehen Sie so ebenfalls, vor allem bei der Frage, welche Wege schon eingeschlagen wurden, was auf gar keinen Fall funktionieren wird und sich in diesem Fall nicht empfiehlt. Mit diesem Verständnis möglicher Ursachen sind Sie gerüstet, um bei Konflikten zwischen Mitarbeitern in ein Dreiergespräch zu gehen und den Konflikt zu moderieren. Selbstverständlich gilt das Gleiche, wenn Sie selber Konfliktbeteiligter sind. Auch dann hilft es Ihnen, zunächst eine Konfliktanalyse zu machen, bevor Sie eine Aussprache mit Ihrem Konfliktpartner suchen.

5.7 Aussprachen führen, Missverständnisse und gegenseitige Erwartungen klären

Wenn Sie einen Konflikt moderieren oder eine Aussprache mit einem Kollegen suchen, ist es wichtig, dass Sie zunächst einmal die gegenseitigen Sichtweisen abgleichen. Darum ist es wichtig, miteinander über unterschiedliche Sichtweisen und Perspektiven zu sprechen. Oft genug stellt man fest, dass einfache Missverständnisse den Ausgangspunkt von danach tiefer gehenden Konflikten bilden.

Ein Beispiel aus einem Abteilungsmeeting soll dies verdeutlichen:

> Im Rahmen eines Abteilungsmeetings berichtet der Teamleiter Müller davon, dass er mit seinem Team an der Grenze der eigenen Leistungsfähigkeit sei und eigentlich viel zu viele Aufgaben habe. Im weiteren Verlauf der Besprechung wird ein Arbeitspaket definiert, das eigentlich in der Verantwortung von Herrn Müller liegt. Sein Kollege, Herr Schulz, der es nur gut meint, erklärt sich daraufhin bereit, dieses Aufgabenpaket zu übernehmen, noch bevor Herr Müller dazu Stellung genommen hat.
> Weil Herr Müller heute z. B. einen schlechten Tag hat oder er Herrn Schulz aufgrund von Gerüchten etwas misstraut, denkt

> Herr Müller vielleicht sofort: „Warum übernimmt der Schulz denn das jetzt? Der will ja wohl unserem Chef zeigen, dass ich meine Sachen nicht im Griff habe! Oder der will sich langsam meinen Verantwortungsbereich einverleiben. Erst neulich hat ja ein anderer Kollege davon berichtet, wie ehrgeizig Herr Schulz sei." Während Herr Müller noch über die Sache nachdenkt, entscheidet der Abteilungsleiter, dass Herr Schulz die Aufgabe übernimmt und bedankt sich dafür. Daraufhin denkt Herr Müller: „Na gut Kollege Schulz, wenn Du es so willst ...".

Es ist nicht schwer sich vorzustellen, wie Herr Müller sich in Zukunft gegenüber Herrn Schulz verhalten wird. Schon bei der nächsten Gelegenheit wird er vielleicht eine Stichelei in dessen Richtung senden oder versuchen, ihn in seine Schranken zu weisen. Darüber wird wahrscheinlich Herr Schulz ziemlich sauer sein und vielleicht denken: „Toll, jetzt helfe ich ihm schon, indem ich die Aufgabe übernehme, und dann wirft der mir noch Steine in den Weg." Sie sehen, die beste Basis für einen Konflikt: Beiden ist es nicht egal und die Zusammenarbeit wird emotional zunehmend negativ belastet. Unter Umständen ergibt jetzt eine Handlung die nächste und eskaliert irgendwann im Streit.

Als Führungskraft von Herrn Müller und Herrn Schulz geht es in der Moderation eines Konfliktgespräches nun darum, gegenseitig die Sichtweisen zu klären und im Rahmen einer Aussprache die gegenseitigen Erwartungen zu erfragen. Dazu ist es wichtig, dass sowohl Herr Schulz als auch Herr Müller die Feedback-Regeln kennen und bereit sind, in der Aussprache ihre eigene Sicht tatsächlich nur als ihre Sicht zu beschreiben und nicht als absolute Wahrheit darzustellen.

Wie Sie an dem Beispiel von Herrn Müller und Herrn Schulz sehen, kann es schon reichen, dass eine Partei sich in einem Konflikt wähnt und sich entsprechend verhält. Dann ist es nur noch eine Frage der Zeit, bis auch die zweite Konfliktpartei spürt, dass sie sich in einem solchen befindet und sich entsprechend verhält. Um hier z. B. als verantwortlicher Projektleiter oder fachlicher Vorgesetzter zu einer Klärung zu kommen, geht es darum, eine Aussprache zu moderieren, bei der die gegenseitigen Sichtweisen und Erwartungen ausgesprochen und geklärt werden. Auf dieser Basis kann dann wiederum eine konkrete Vereinbarung zum weiteren Vorgehen oder Spielregeln vereinbart werden.

Damit diese Aussprache nicht in einer hitzigen Auseinandersetzung endet, kann es hilfreich sein, als Moderator einen so genannten „kontrollierten Dialog" zu führen, in dem Sie jeweils die unterschiedlichen Sichtweisen abfragen und dann jeweils abschließend eine Zusammenfassung machen. Dies könnte z. B. so aussehen:

> Führungskraft: „Ja, ich freue mich, dass Sie beide hier sind, es geht heute darum, dass wir gemeinsam darüber sprechen möchten, wie die Zusammenarbeit in Zukunft konstruktiv zu gestalten ist und welche Schwierigkeiten sich zwischenzeitlich in Ihrer Zusammenarbeit ergeben haben. Mein Vorschlag ist, dass Sie zunächst einmal beide nacheinander die Gelegenheit haben, Ihre persönliche Sichtweise darzustellen, damit wir genau wissen, worüber wir eigentlich reden. Wenn Sie, Herr Müller, bitte zunächst sagen würden, wie Sie die Zusammenarbeit erleben, Sie, Herr Schulz, sind danach dran."
> Herr Müller: „Ich finde, Herr Schulz mischt sich in letzter Zeit ständig in Dinge ein, die ihn gar nichts angehen …" (Herr Müller stellt seine Sicht dar)
> Führungskraft: „Bitte sagen Sie, wie meinen Sie das genau? Was hat Herr Schulz Ihrer Ansicht nach konkret getan?"
> Herr Müller: „Na ja, das fing doch schon damit an, wie er neulich …"
> Führungskraft: „Also, Herr Müller, verstehe ich Sie richtig, Sie beziehen sich darauf, dass Herr Schulz vor vier Wochen im Teammeeting … gemacht hat, was bei Ihnen so angekommen ist, dass er Sie in einem schlechten Licht dastehen lassen wollte. Außerdem halten Sie es für unangemessen, wenn Herr Schulz … Habe ich Sie da richtig verstanden?"

Auf diese Art und Weise können zunächst einmal beide Sichtweisen geklärt werden, und es wird deutlich, wer welche Verhaltensweise wie interpretiert hat.

Diese Technik des kontrollierten Dialoges können Sie selbstverständlich auch einsetzen, wenn Sie selber Konfliktpartei sind. Auch hier wirkt es oft deeskalierend, wenn Sie zunächst zusammenfassen, was Sie von Ihrem Gegenüber gehört und verstanden haben. Sie können auch Ihren Gesprächspartner bitten, dass er einmal kurz sagt, was von Ihrem Standpunkt bei ihm angekommen ist (z. B.: „... Habe ich Sie da richtig verstanden? Nur um Missverständnissen vorzubeugen, würden Sie auch einmal kurz sagen, was bei Ihnen als mein Anliegen rübergekommen ist?")

Als Hintergrund ist es dabei wichtig zu verstehen, dass jede Aussage und Handlung, die jemand macht, beim anderen unterschiedlich ankommen kann. Diese Grundüberlegung greift auch ein Klassiker der Kommunikation auf, das Modell der „Vier Seiten einer Nachricht", von Schulz von Thun.

Die Grundüberlegung bei diesem Modell ist, dass auf der einen Seite ein Sender eine Botschaft sendet, die auf der anderen Seite beim Empfänger nicht immer so ankommen muss, wie sie eigentlich gemeint war. Im Volksmund würde man sagen: „Es kommt drauf an, in welchen Hals man das bekommt." Das Modell der „Vier Seiten einer Nachricht" geht davon aus, dass jede Aussage auf vier unterschiedliche Arten gemeint sein kann und auf genau diese vier Arten auch ankommen kann. Diese vier Arten werden oft auch als vier Ebenen bezeichnet, es handelt sich um die

- Sachebene,
- Appellebene,
- Beziehungsebene und
- Selbstaussagenebene.

Wie das funktioniert, sieht man an einem einfachen Beispiel:

> Mehrere Kollegen teilen sich in einem Büro einen Drucker. Ein Kollege geht am Schreibtisch eines anderen vorbei und sagt: „Du, da ist kein Papier mehr im Drucker." Der Kollege schaut

> ihn an und sagt: „Ja und, ich wüsste nicht, was mich das angeht!"

Schauen wir uns die Aussage „es ist kein Papier mehr im Drucker" einmal auf den vier Ebenen an:

- Sachebene: „Es ist kein Papier mehr da."
- Appellebene: „Bitte leg Papier nach!"
- Beziehungsebene: „Du hättest Dich um Papier kümmern müssen, es ist keins mehr da!", oder „Du bist verantwortungslos, es ist schließlich Deine Aufgabe ..."
- Selbstoffenbarungsebene: „Ich fühle mich nicht zuständig für das Papier.", oder „Ich weiß nicht wo Papier ist."

Das sind vier mögliche, unterschiedlichen Botschaften, die in der einfachen Aussage „Es ist kein Papier mehr im Drucker" versteckt sein können. Kommt jetzt die Aussage nicht auf der Ebene an, die eigentlich gemeint war, sondern der Empfänger hört z. B. auf der Beziehungsebene einen Vorwurf, anstatt die Selbstaussage zu hören „Ich weiß nicht, wo Papier ist", dann handelt es sich um ein Missverständnis.

Genauso, wie Herr Müller und Herr Schulz ein Missverständnis im Meeting hatten, als Herr Schulz aus reiner Freundlichkeit eine Aufgabe für Herrn Müller übernommen hat und dieser eine Botschaft auf der Beziehungsebene verstanden hat, wie z. B. „Ich werde allen zeigen, dass Sie Ihren Job nicht machen."

Woran entscheidet sich nun, auf welcher Ebene der Empfänger die gesendete Botschaft wahrnimmt? Im Wesentlichen entscheidet es sich an folgenden Faktoren:

A. An der Stimmung und der Persönlichkeit des Empfängers:

Hat der Empfänger z. B. einen schlechten Tag oder gerade schlechte Laune, so wird er wahrscheinlich auf die Aussage: „Es ist kein Papier mehr im Drucker“ eher abwehrend oder aggressiv reagieren. Sollte er in bester Laune sein, so denkt er vielleicht: „Na ja, es ist eigentlich nicht meine Aufgabe, aber ich kann ja mal einem Kollegen helfen.“ Ebenso ist es mit der Persönlichkeit des Empfängers. Wenn jemand z. B. persönlich besonders empfindlich ist und sich schnell angegriffen fühlt, so bedeutet dies nichts anderes, als dass er dazu neigt, Botschaften auf der Beziehungsebene zu hören.

B. An der Beziehungsgeschichte der beiden

Wenn der angesprochene Kollege sich mit seinem Kollegen sehr gut versteht und in der Vergangenheit eine sehr partnerschaftliche und vertrauensvolle Zusammenarbeit hatte, so wird er bei der Aussage: „Es ist kein Papier mehr Drucker“ sicherlich eher denken: „Oh, der scheint aber heute sehr in Hektik zu sein oder unter Druck zu stehen.“ Anders ist die Interpretation sicherlich, wenn es in der Vergangenheit öfter einmal Probleme gegeben hat und der eine dem anderen eher negative Dinge unterstellt. Da reicht eine solche Aussage sicherlich, um sofort einen Konflikt heraufzubeschwören, indem der andere vielleicht heftig reagiert durch Aussagen wie: „Entschuldigen Sie mal, Herr Kollege, ich glaube nicht, dass ich mich von Ihnen rumschubsen lassen will! Legen Sie das Papier doch selber nach!“

Entscheidend für die Beziehungsgeschichte ist z. B. zwischen einem Mitarbeiter und einer Führungskraft auch, wie in der Vergangenheit der Umgang miteinander und der Umgang mit Hierarchie gelebt wurde. Bei einer sehr autoritären Führung steckt in der Aussage des Chefs: „Es ist kein Papier mehr im Drucker“ sicherlich ein Befehl, dem sofort Folge zu leisten ist, währenddessen der Mitarbeiter einer sehr partnerschaftlichen Führungskraft vermutlich eher versteht: „Bitte kümmern Sie sich um das Papier, ich bin gerade sehr in Eile.“

C. Der Ton macht die Musik

Ein weiterer Bestimmungsfaktor, auf welcher Ebene eine Aussage beim Empfänger ankommt, ist zweifelsohne der Ton. Dazu zählen nicht nur die Wahl einzelner Worte und die Betonung, sondern auch die dazugehörige Mimik und Gestik.

Aus diesen drei Faktoren ergibt sich eine Mischung, die dazu führt, eine Nachricht auf einer bestimmten Ebene wahrzunehmen oder eben nicht. Zur Moderation von Konfliktgesprächen ist es wichtig, diese Grundüberlegungen im Hinterkopf zu behalten, um sich immer bewusst zu sein, dass es einen Unterschied gibt zwischen dem, wie etwas gemeint war, und dem, wie es angekommen ist.

So könnte unser Teamleiter im Beispiel mit Herrn Müller und Herrn Schulz z. B. darauf hinweisen: „Also verstehe ich Sie richtig, Herr Müller, der Umstand, dass Herr Schulz im Teammeeting eine Aufgabe übernommen hat, die eigentlich in Ihren Verantwortungsbereich gehört, haben Sie persönlich als Angriff erlebt, und Sie sahen darin einen Versuch von Herrn Schulz, Sie bloßzustellen?“ Herr Müller nickt. „Dann sagen Sie doch einmal, Herr Schulz, was Ihre Gedanken waren, als Sie die Aufgabe im Teammeeting übernommen haben, und wie Sie die Situation aus Ihrer Sicht erlebt haben.“

So werden unterschiedliche Sichtweisen geklärt und vor allem mögliche Missverständnisse ausgeräumt. Aber auch in der Vorbeugung von Konflikten kann es Ihnen helfen, wenn Sie sich an die vier Seiten einer Nachricht erinnern. Durch das Bewusstsein für die verschiedenen Ebenen können Sie mehr Sensibilität entwickeln, auch indirekte Botschaften zu verstehen oder zu merken, wenn jemand sich „auf den Schlips getreten“ fühlt. Oft kann man an der Reaktion eines Gesprächspartners auf die eigene Aussage merken, „in welchen Hals“ er diese bekommen hat. Sollten Sie dann merken, dass z. B. jemand beleidigt reagiert, obwohl das nicht Ihre Absicht war, können Sie das klar stellen (z. B.: „Entschuldigen Sie, ich habe den Eindruck, ich habe mich gerade nicht richtig ausgedrückt. Ich meinte nicht etwa, dass es Ihre Schuld sei, dass ..., ich wollte Ihnen da keinen Vorwurf machen!“). Außerdem merken Sie, wenn Sie sich die drei Bedingungsfaktoren A bis C ansehen, dass es Situationen und Stimmungen gibt, in denen es besser ist, ein bestimmtes Thema nicht anzusprechen, weil dies in diesem Augenblick nicht richtig „ankommen“ würde.

Selbstverständlich kann es sein, dass es sich z. B. um einen Konflikt um Ressourcen handelt, bei dem keinerlei Missverständnisse vorliegen, sondern knallharte Interessensgegensätze. Wenn z. B. zwei Mitarbeiter um die Arbeitskraft einer Assistentin streiten und sich darüber ein Konflikt entzündet, geht es weniger darum, Missverständnisse aufzuklären, sondern tatsächlich einen Verhandlungsprozess zu moderieren, der zu einer Einigung führen soll.

5.8 Wie Sie Interessenskonflikte verhandeln

Um handfeste Interessensgegensätze z. B. bei der Verteilung von Ressourcen zu verhandeln, können Sie sich an den Harvard-Regeln erfolgreicher Verhandlung orientieren. Diese besagen im Wesentlichen:

- Verhandele Interessen statt Positionen!
- Behandele Sache und Person getrennt voneinander!
- Handele Bedingungen aus!
- Verhandele gegen die schlechteste Alternative!

> Beispiel:
> Herr Bergbach und Herr Korn sind Mitarbeiter in einem Projekt. Beide sind für die Zeit der Projektarbeit freigestellt. Das Projekt wird durch eine Teamassistentin unterstützt. Herr Bergbach und Herr Korn haben nun eine Auseinandersetzung darüber, wer von ihnen beiden nächste Woche Montag über die Assistentin verfügen darf.

Interessen statt Positionen verhandeln!

Interessen statt Positionen verhandeln bedeutet hier, bei den Konfliktpartnern zu hinterfragen, welche Interessen sie mit ihrer Position verbinden. Das bedeutet, die Position der beiden ist identisch: beide wollen die Assistentin am Montag haben und gehen davon aus, dass sie ein Recht darauf haben.

Zu hinterfragen wären dann die jeweiligen Interessen, d. h., aus welchem Grund eigentlich Herr Bergbach und Herr Korn die Assistentin haben wollen und was dadurch für sie gewährleistet sein soll. Dies klärt die Führungskraft der beiden am Besten, indem sie beide direkt fragt, z. B.:

- Aus welchem Grund möchten Sie am Montag über unsere Assistentin verfügen?
- Was möchten Sie dadurch erreichen, dass Sie am Montag unsere Assistentin nutzen?
- Warum benötigen Sie ausgerechnet am Montag unsere Assistentin?

Dabei kann sich z. B. herausstellen, dass Herr Bergbach den ganzen Tag auf die Assistentin zugreifen möchte, um den Ergebnisbericht seines Teilprojektes fertig zu stellen, Herr Korn vielleicht deshalb nicht damit einverstanden ist, weil er es aus Prinzip nicht einsieht, dass Herr Bergbach einfach einen kompletten Tag in Anspruch nimmt. So könnte es sein, dass Herr Korn z. B. sicherstellen möchte, dass er – wenn dies nötig sein sollte – am Montag z. B. flexibel auf die Assistentin zugreifen kann, um zwischendurch einige Telefonate oder Schreiben erledigen zu lassen.

Oft zeigt sich, dass, wenn man die Interessen, die hinter den einzelnen Positionen stehen, hinterfragt, sich neue Lösungsmöglichkeiten und Kompromisslinien ergeben. In diesem Beispiel könnte es hilfreich sein, wenn Herr Bergbach gegenüber Herrn Korn eingesteht, dass die Assistentin sich natürlich zwischendurch auch um einzelne

Briefe oder Telefonate kümmern kann oder dass Herr Bergbach einfach im Grundsatz akzeptiert, dass er nicht einfach festlegen kann, dass die Assistentin einen ganzen Tag für ihn zur Verfügung steht. So könnte es ja sein, dass Herrn Korn daran gelegen ist, hier keinen Präzedenzfall entstehen zu lassen.

Es gibt viel Streitigkeiten um eine Orange, bei denen man später merkt, dass der eine gerne den Saft getrunken hätte und der andere die Schalen für seinen Kuchen brauchte.

Denken Sie einmal an einen aktuellen oder vergangenen Konflikt. Was war Ihre Position, was Ihr Interesse? Was war die Position der Gegenseite? Was könnte deren eigentliches Interesse gewesen sein?

Sache und Personen trennen

Bei dieser Regel geht es darum, dass Sie als Konfliktmoderator darauf achten, die sachliche Verhandlungsebene von der persönlichen zu unterscheiden. Das bedeutet z. B. einerseits, die Sachfrage zu klären, für wen am Montag welche Assistenzkapazitäten zur Verfügung stehen, und andererseits getrennt davon darüber zu sprechen, dass Herr Korn sich vielleicht durch Herrn Bergbach dominiert und eingeschränkt fühlt. Viele Führungskräfte machen an dieser Stelle den Fehler, dass sie versuchen, nur die sachliche Ebene zu klären und darauf verzichten, einen Konflikt auf einer persönlichen, zwischenmenschlichen Ebene zu betrachten.

Um z. B. im zweiten Schritt auch die persönliche Ebene klären zu können, helfen Fragen wie z. B.:

- Wie ist es Ihnen dabei gegangen?
- Was haben Sie da über Ihren Kollegen gedacht?
- Wie sehen Sie Ihren Kollegen jetzt nach der Einigung (zum Sachthema)?
- Wie denken Sie, wird dieses Gespräch Ihr zukünftiges Arbeitsverhältnis beeinflussen?

- Gibt es außer diesem Thema noch weitere Dinge, die wir heute hier klären oder ansprechen sollten?

Die Sache und die Person zu trennen, bedeutet auch, selbst in einer harten Verhandlung noch freundlich, höflich und zuvorkommend zu bleiben und entsprechende Umgangsformen zu wahren. So sorgen Sie dafür, dass sachliche Konflikte nicht auch noch unnötig persönliche Konflikte werden. In der Konfliktmoderation heißt das, auch auf die Einhaltung entsprechender Umgangsformen und Spielregeln zu achten

Bedingungen verhandeln

Unter Bedingungen verhandeln ist die klassische Suche nach einem Kompromiss oder neuen Lösungsweg zu verstehen. Man versucht zu verhandeln, unter welchen Bedingungen eine Vereinbarung getroffen werden kann wie z. B. in Tarifauseinandersetzungen. Als Führungskraft bedeutet das, dass Sie, nachdem Sie die unterschiedlichen Interessen verstanden haben, beiderseitig konkret abfragen: „Herr Bergbach, unter welchen Bedingungen wären Sie bereit, Herrn Korn die Assistentin am Montag zu überlassen?“ Sollte Herr Bergbach Bedingungen nennen, so können Sie wiederum bei Herrn Korn abfragen, ob er mit diesen Bedingungen einverstanden ist oder ob er weitere Bedingungen damit verbinden möchte. So handeln Sie sukzessive eine Kompromisslösung aus.

Hilfreich ist es, wenn Sie möglicht viel „Verhandlungsmasse“ haben, das heißt viele Ideen für unterschiedliche Dinge, die in einer Gesamtlösung ein Rolle spielen könnten.

Selbstverständlich kann es sein, dass beide sich stur stellen und „unter keinen Bedingungen“ bereit sind, die Assistentin dem anderen zu überlassen. Dann greift die vierte Verhandlungsregel:

Verhandlung gegen die schlechteste Alternative

Bei dieser Verhandlungsstrategie überlegen Sie sich im Vorfeld oder während der Diskussion, welche möglichen negativen Konsequenzen sich für beide einstellen, wenn sie sich nicht einigen würden. Das wäre dann die schlechteste Alternative. Im Gespräch geht es darum, diese dann konsequent aufzuzeigen und z. B. zu sagen: „Sehen Sie, meine Herren, wenn Sie beide nicht bereit sind, Bedingungen zu benennen und von Ihrem Standpunkt abzurücken, sehe ich keine Lösungsmöglichkeit. Ich denke, damit ist weder Ihnen noch der Assistentin noch unserem Projekt geholfen! Ich glaube nicht, dass ein derartiges Verhalten unserer Zusammenarbeit im Team gut tut…“ An dieser Stelle können Sie sich auch als nichtdisziplinarische Führungskraft überlegen, welche Möglichkeiten Sie persönlich haben, eine schlechteste Alternative eintreten zu lassen, um darüber Einigungsdruck zu erzeugen. Dies wäre z. B. der Fall, wenn Sie sagen: „Sehen Sie, meine Herren, wenn Sie sich beide nicht einigen können, sehe ich mich leider gezwungen, keinem von Ihnen die Möglichkeit einzuräumen, unsere Assistentin für den Montag ganztägig zu beanspruchen. Ich muss Sie dann auffordern, auch am Montag nicht mehr als in dem üblichen Maß auf sie zuzugreifen und allen anderen Kollegen ebenfalls zeitliche Ressourcen zu ermöglichen!“

Eine Strategie, die auch in der Erziehung von Kindern sehr beliebt ist. Wenn sich zwei Kinder um eine Sache streiten, sagen die Eltern oft: „Entweder Ihr einigt Euch, wie Ihr damit umgeht, oder aber ich nehme es Euch weg.“ Auf diesem Weg entsteht zweifelsohne Einigungsdruck. Sollten Sie als nichtdisziplinarische Führungskraft in Ihrer Konfliktverhandlung keinerlei Druckmittel für eine schlechteste Alternative haben, so zeigen Sie die für beide Seiten negativen Konsequenzen im Falle einer Nichteinigung auf. (Vgl. dazu auch Kapitel 4, Die Veränderungsformel, Leidensdruck.) Entsprechend können Sie so die schlechteste Alternative aufzeigen und Einigungsdruck aufbauen.

Konflikte sind überall im Leben

Wenn Sie sich im Umgang mit Konflikten an diesen Strategien orientieren, haben Sie gute Chancen, Konflikte zu vermeiden bzw. konstruktiv zu lösen. Sie können so Konflikten vorbeugen, sie erkennen, richtig verstehen und auch ohne disziplinarische Machtmittel lösen. In diesem Fall haben Sie in manchen Konfliktsituationen als nichtdisziplinarische Führungskraft sogar den Vorteil, dass Sie eher als „neutraler" Moderator zwischen Kollegen akzeptiert werden und man Ihnen gegenüber vielleicht mehr Offenheit zeigt als gegenüber der disziplinarischen Führungskraft, die auch eine disziplinarische Beurteilung der Mitarbeiter vornimmt.

Selbstverständlich gelten diese Regeln und Vorgehensweisen nicht nur im Umgang mit beruflichen Konflikten sondern auch im Privatleben. Auch hier ist es wichtig, mögliche Spannungsfelder vorher zu sehen und beizeiten Spielregeln zu vereinbaren, um zu einem toleranten Miteinander beizutragen. Auch in Ihrem Freundeskreis oder Ihrer Familie können Sie davon profitieren, wenn Sie in der Lage sind, Konflikte klar zu identifizieren, konstruktiv anzusprechen und zu bearbeiten. Ein wichtiger Erfolgsfaktor, um auch beruflich „den Kopf frei" zu haben und die eigene volle Leistungsfähigkeit entfalten zu können.

Herausforderung 6: Virtuelle Teams erfolgreich führen

6.1 Die besonderen Herausforderungen virtueller Teams

Von einem virtuellen Team spricht man, wenn die Teammitglieder über verschiedene Standorte hinweg verteilt sind. Das kann innerhalb eines Landes sein, kann aber auch bedeuten, dass die Teammitglieder global verteilt sind. Im Fall eines globalen Teams führt das zu der Konsequenz, dass Sie eine dreifache Trennung haben. In diesem Fall müssen sie Grenzen überbrücken, die

- räumlich,
- zeitlich und
- interkulturell

sind.

So wie andere Teams vielleicht über Abteilungs- oder Bereichsgrenzen hinweg zusammengesetzt werden und zusammenarbeiten, muss ein virtuelles Team noch größere Grenzen überwinden.

Die Vielzahl der Hürden, die bewältigt werden müssen, verlaufen entlang des gesamten Spektrums der Kapitel dieses Buches. Selbstverständlich gelten alle grundlegenden Überlegungen und Tipps der vorhergehenden Kapitel auch für virtuelle Teams. Allerdings stellen sich im virtuellen Team zu allen Themenbereichen noch besondere Herausforderungen. Dabei bedeutet virtuelles Team natürlich nicht, dass sich nicht ein „echtes“ Team bilden kann und soll! Aber der

Weg dahin ist erfahrungsgemäß noch schwieriger. Wenn Sie sich die einzelnen Kapitel dieses Buches anschauen, ergeben sich besondere Herausforderungen für virtuelle Teams:

1. Teammitglieder in ihrer individuellen Persönlichkeit verstehen und gezielt einbinden

Hier stellt sich oft die Herausforderung, dass Sie durch einen selteneren und weniger intensiven Kontakt zu den einzelnen Teammitgliedern schwerer ein differenziertes Bild von den persönlichen Charaktereigenschaften, Vorstellungen und Wünschen Ihrer Teammitglieder bekommen. Daneben tauchen bei internationalen Teams noch kulturelle und sprachliche Unterschiede auf. Sie sind gut beraten, sich als Leiter eines interkulturellen Teams auf die unterschiedlichen Kulturkreise vorzubreiten, sei es durch Literatur oder durch Gespräche mit Kollegen oder Bekannten, die bereits Erfahrung im Umgang mit den jeweiligen Kulturen haben.

Wie groß die Unterschiede sind wird einerseits durch die Unterschiedlichkeit der jeweiligen Kulturkreise definiert, andererseits aber auch dadurch, wie stark die Unternehmenskultur ist. Wenn in Ihrem Unternehmen über unterschiedliche Standorte hinweg eine einheitliche Kultur mit gleichen Werten gefördert und gelebt wird, ist es leichter, sich aufeinander einzustellen, als in dezentralen, stark heterogenen Organisationen mit einzelnen lokalen Unternehmenskulturen.

2. Mitarbeiter motivieren

Bei der Motivation besteht die Herausforderung in virtuellen Teams darin, dass Sie deutlich weniger Gelegenheit für persönliche Gespräche haben. Der Kontakt gestaltet sich vorwiegend über Telefonate, E-Mails und Videokonferenzen. Mit diesen Kommunikationsmedien alleine fällt es schwerer, etwas über die Motivation Ihrer Mitarbeiter herauszufinden. Versuchen Sie darum bereits in Ihrem Team-Startmeeting (vgl. Kap. 6.3), eine möglichst differenzierte Vorstellung davon zu bekommen, was Ihre einzelnen Teammitglieder motiviert. Hilfreich kann es z. B. sein, sich nach einem ersten Meeting Notizen über die einzelnen Teammitglieder zu machen, um keine

Aspekte zu vergessen. Auf diese Notizen können Sie dann später zur Vorbereitung von Gesprächen zurückgreifen und Ihr Wissen wieder schnell aktivieren.

3. Arbeitsverhalten kurzfristig verändern

Auch hier macht sich die Beschränkung auf elektronische Kommunikationsmedien negativ bemerkbar. Entsprechend sollten Sie sich bei diesem Aspekt bereits im Vorfeld im Klaren darüber sein, dass Sie im Verlauf der Zusammenarbeit vermutlich kaum Möglichkeit haben werden, starken Einfluss auf das Arbeitsverhalten der Einzelnen auszuüben. Aus diesem Grund wird unter 6.2 gesondert darauf eingegangen, auf welche Aspekte Sie bei der Mitarbeiterauswahl besonders achten sollten, sofern Sie Einfluss auf die Auswahl der Teammitglieder haben.

4. Kritisches Feedback geben

Bei dieser Herausforderung gilt neben den bereits im entsprechenden Kapitel beschriebenen Hinweisen und Tipps, dass Sie besonders sensibel dafür sein müssen, dass es aufgrund der unterschiedlichen Kommunikationsmedien, wie z. B. E-Mail, schneller zu Missverständnissen kommen kann. Entsprechend der vier Seiten einer Nachricht (vgl. Kapitel 5) passiert es per E-Mail oder am Telefon relativ schnell, dass ein Teammitglied das Feedback anders auffasst als es eigentlich gemeint war und es entsprechend zu Spannungen, Missverständnissen und Konflikten kommt.

Feedback zu geben ist besonders sensibel, wenn Sie ein interkulturelles Team haben, in dem stark unterschiedliche Vorstellungen davon herrschen, welche Art von Feedback und damit verbundene Ausdrucksform angemessen ist oder nicht. Sie sind hier gut beraten, sich im Vorfeld zumindest grundlegend über kulturelle Besonderheiten bei den einzelnen Teammitgliedern zu informieren. Vor allem, wenn Sie das Feedback in einer für Sie fremden Sprache zum Ausdruck bringen, sollten Sie sich Ihre Worte vorher gut überlegen. Im Umgang mit einem Teammitglied, mit dem Sie in einer Fremdsprache sprechen, ist es wichtig, vor allem einfache Sätze zu bilden und sprachlich anspruchsvolle Formulierungen zu vermeiden. Wichtig ist hier auch explizit nachzufragen, was von Ihrem Feedback angekommen ist, wie das auf den anderen wirkt und welche Konsequenzen er für sich daraus zieht.

5. Konflikte erfolgreich bewältigen

Hier liegt die besondere Herausforderung von virtuellen Teams darin, noch sensibler zu sein für Konfliktsignale, um frühzeitig agieren zu können. Daneben ist es nicht einfach ein Dreiergespräch anzuberaumen, um eine Aussprache führen zu können. Allerdings sollten Sie sich im Zweifelsfall auch von den Schwierigkeiten, die mit einer Konfliktmoderation per Videokonferenz verbunden sind, nicht davon abschrecken lassen, Konflikte anzusprechen und zu klären (Weitere Tipps und Hinweise finden Sie im Kapitel 6.5).

In der Summe zeigen die oben genannten Herausforderungen für virtuelle Teams, dass Sie einerseits als nicht disziplinarische Führungskraft Ihre Instrumentarien noch besser beherrschen und sauberer arbeiten müssen und andererseits virtuelle Teams deutlich besser vorbereitet und „auf die Schiene gesetzt“ werden sollten als normale lokale Teams.

Eine wesentliche Erkenntnis in der Führung virtueller Teams ist: Virtuelle Teams baut man nicht „auf dem Weg“, sondern man muss sie von Anfang an gut planen, vorbereiten, aufbauen und steuern. Damit Sie nicht an der Vielzahl von Herausforderungen scheitern, ist es wichtig, dass Sie zu vielen Themenbereichen bereits im Vorfeld, bevor die eigentliche Arbeit beginnt, teaminterne Regelungen treffen und Vereinbarungen aushandeln.

Sie sehen, die Führung virtueller Teams ist eine in jeder Hinsicht anspruchsvolle Herausforderung. Entsprechend empfiehlt sich auch vor Beginn der Arbeit grundsätzlich kritisch zu hinterfragen, ob ein virtuelles Team für dieses Projekt oder diese Aufgabenstellung tatsächlich unbedingt nötig ist und ob die Chancen die damit evtl. verbundenen Schwierigkeiten und Risiken tatsächlich überwiegen.

Allerdings ist auch zu beachten, dass die Chancen eines virtuellen Teams durchaus groß sein können. Typische Stärken und Chancen liegen darin, dass virtuelle Teams

- rund um die Uhr arbeiten können (Bedingt durch unterschiedliche Zeitzonen können Arbeitsergebnisse ohne Zeitverzögerung aufgegriffen und weiterverarbeitet werden, Anfragen über Nacht beantwortet usw.);
- die Chancen der „Diversity" bieten (Die Verschiedenheit der Teammitglieder kann genutzt werden, um ganz unterschiedliche Ideen, Ansatzpunkte, kreative Aspekte und *best practices* in die eigene Arbeit oder die Projektergebnisse zu integrieren);
- durch Ihre Lokalität bei dezentralen oder globalen Fragestellungen mögliche Chancen und Risiken bei der Umsetzung der Arbeitsergebnisse frühzeitig berücksichtigen können. Außerdem können gute lokal positionierte Teammitglieder ihre jeweilige regionale Organisation und ihre Entscheider in der Regel besser für ein Projekt oder Thema gewinnen und die entsprechenden Dinge frühzeitig lokal platzieren.

Sie sehen, es stecken einige Chancen und Herausforderungen für Sie in einem virtuellen Team. Gerade weil viele Dinge noch komplexer werden, ist es besonders wichtig, dass Sie beim Aufbau eines virtuellen Teams Einfluss auf die Auswahl der beteiligten Personen nehmen.

6.2 Teammitglieder gezielt auswählen

Dadurch, dass Sie und Ihre Teammitglieder lokal vielleicht über Hunderte oder Tausende von Kilometern verstreut sind, haben Sie naturgemäß im Verlauf der Zusammenarbeit weniger Einflussmöglichkeit auf die Steuerung der einzelnen Teammitglieder. Entsprechend ist es wichtig, dass Sie Teammitglieder aussuchen, die Ihren Vorstellungen entsprechen und die notwendigen Eignungen mitbringen. Wenn die Personalauswahl nicht in Ihrer Verantwortung liegt, sollten Sie zumindest versuchen, Einfluss auszuüben und sich an möglichen Auswahlgesprächen und Diskussionen zu beteiligen. Aspekte, auf die Sie achten sollten, sind:

1. die fachliche Kompetenz

- fachliche Qualifikationen,
- Beherrschen von notwendigen Techniken,
- persönliche Erfahrung mit dem Arbeitsgegenstand,
- aber auch die Frage: Hat Ihr Teammitglied individuell die notwendigen lokalen Entscheidungskompetenzen, um seinen Teilauftrag lokal zum Erfolg zu führen?

2. für Projekte: Vorerfahrungen in Projektarbeit

- Erfahrung und Routine im Umgang mit Projektmanagement-Instrumenten,
- Kenntnis der wichtigsten Standardprozesse und Abläufe bei Projekten in Ihrem Unternehmen,
- klare eigene Vorstellungen, wie er oder sie sich in eine konstruktive Projektarbeit einbringen kann und möchte,

3. hohe Eigenmotivation und Verantwortungsbereitschaft

- er/sie ist es gewohnt und bereit, sich zu engagieren, muss nicht von außen „gestartet" werden,
- kann und will sich an Vereinbarungen und definierte Standards halten,
- sieht sich für die eigenen Teilaufgaben und das Projekt/die Arbeit insgesamt als verantwortlich,

4. Beherrschung und Interesse an den zu verwendenden Medien

   - Wie z. B.Videokonferenz, E-Mail, Projekt-Chatroom, gemeinsame Datenplattform im Intranet und Ähnliches,

5. tolerante und offene Persönlichkeit

- er/sie kann sich flexibel auf unterschiedliche Gesprächspartner einstellen,
- geht offen und neugierig an Herausforderungen heran
- ist bereit, eingefahrene Vorgehensweisen und Routinen in Frage zu stellen,

und für interkulturelle Teams:

6. internationale Erfahrung und Spaß an internationaler Arbeit

- verfügt über interkulturelle Kompetenz,
- hat Erfahrung mit verschiedenen Kulturkreisen,
- ist bereit, sich auf unterschiedliche Sichtweisen und Ideen einzulassen,
- ist sensibel für persönliche Empfindlichkeiten und Botschaften zwischen den Zeilen,
- beherrscht mindestens die Hauptsprache des Teams fließend.

Sie sehen, es sind einige Dinge, die Sie bei der Auswahl Ihrer Teammitglieder unbedingt beachten sollten. Diese Auswahl an Eigenschaften, Kenntnissen und Fähigkeiten erscheint zwar zunächst recht anspruchsvoll, jedoch stellen mit Ausnahme der Vorerfahrungen in Projektarbeit alle Kriterien im Zweifelsfall K.-O.-Kriterien dar. Stellen Sie sich einmal vor, Sie hätten ein Teammitglied in einem virtuellen, interkulturellen Team, das eine dieser sechs Anforderungen in keinster Weise beherrscht. Wie würde sich die Zusammenarbeit darstellen? Welchen Einfluss hätte dieses Teammitglied auf die Zusammenarbeit der anderen Teammitglieder? Welche Leistung könnte dieses Teammitglied bringen?

Die Auswahl der Teammitglieder sollten Sie sich also, sofern irgend möglich, nicht aus der Hand nehmen lassen. Auch wenn Sie keine Gelegenheit haben, einzelne Teammitglieder im Vorfeld persönlich kennen zu lernen, sollten Sie auf jeden Fall ausführliche Telefonate führen, Meinungen von Kollegen einholen und alle Wege in Ihrem Unternehmen nutzen, die Sie haben, um einen Eindruck von dieser Person, ihren Fähigkeiten, Kompetenzen und Arbeitsverhalten zu erlangen. Oft genug werden, z. B. in Projekte Teammitglieder einfach „abgeordnet“, die Sie sich als Teamleiter nicht aussuchen können. Die Empfehlung ist, solche Entscheidungen nicht vorschnell zu akzeptieren, sondern in jedem Fall einen kritischen Blick auf die einzelnen Teammitglieder zu werfen. Sollten sich im Verlauf der Arbeit Schwierigkeiten zeigen, die eigentlich auf die Person einzelner Teammitglieder zurückzuführen sind, wird man trotzdem Sie als Teamleiter für vielleicht mangelnde Ergebnisse verantwortlich machen. Auf der anderen Seite können Sie sicher sein, dass, wenn es Ihnen gelingt, ein Team zusammenzustellen, das im Wesentlichen die oben genannten Kriterien erfüllt, Sie dann eine abwechslungsreiche, kreative, spannende und vor allem erfolgreiche Zusammenarbeit vor sich haben.

6.3 Virtuelle Teams klar aufbauen und erfolgreich starten

Wie eingangs bei den Herausforderungen beschrieben, ist es bei vielen Aspekten wichtig, dass man den Herausforderungen eines virtuellen Teams unmittelbar zu Beginn einer Zusammenarbeit begegnet und diese aktiv gestaltet. Gerade weil Sie im Verlauf der Arbeit seltener zusammenkommen und weniger persönlichen Kontakt haben, ist es absolut wichtig, dass Sie viele notwendige Abstimmungen, die in normalen Teams auch auf dem Flur und dem „kleinen Dienstweg“ laufen, bereits intensiv im Vorfeld vorgenommen haben. Dies stellt natürlich auch einen erhöhten Anspruch an Sie als Teamleiter oder Projektmanager in Bezug auf Ihr Projekt- und Arbeitsmanagement.

Um Ihr virtuelles Team erfolgreich „auf die Schiene zu setzen“, empfehlen wir die Durchführung eines Team-Events oder Kick-offs, wobei Sie sich je nach Teamgröße und Unterschiedlichkeit der beteiligten Personen eher zwei als einen Tag Zeit nehmen sollten. Im besten Falle haben Sie auch die Möglichkeit, einen externen Moderator hinzuzuziehen, der den gesamten Prozess begleiten kann, sodass Sie als Führungskraft stärker inhaltlich mitarbeiten können. Sollten Sie ein stark interkulturelles Team haben, empfiehlt es sich sogar, zwischendurch einen Trainer oder Moderator einzubinden, der hilft, ein Verständnis der unterschiedlichen Kulturen und Sichtweisen zu vermitteln und vielleicht spielerisch erlebbar zu machen.

Unter Kapitel 1 wurde bereits eine kurze Teamstart-Agenda gegeben, die hier für virtuelle Teams noch einmal differenzierter dargestellt wird:

1. Gegenseitiges Kennenlernen

- Vorstellen und Kennenlernen der persönlichen und fachlichen Hintergründe,
- Austausch der Erfahrungen und Qualifikationen für das Team/Projekt,
- interkulturelles Kennenlernen (z. B. mit einem Trainer, der Unterschiede sichtbar macht und so gegenseitiges Verständnis schafft).

2. Ziele des Teams/Projektes

- Kommunikation eines differenzierten Aufgaben- oder Projektplans,
- Ressourcenzuteilung (welche Ressourcen stehen zur Verfügung, wem, wann, wie können diese abgerufen werden),
- soweit möglich: Definition einzelner Teilprojektpläne/Arbeitsbereiche für individuelle Teammitglieder, verbunden mit messbaren Ergebniszielen und klaren Verantwortlichkeiten,
- Hintergründe und übergeordnete Zusammenhänge im Unternehmen oder am Markt,
- Chancen für die Team-/Projektmitglieder in dieser Zusammenarbeit.

Zu allen Punkten:

- Was ist schon definiert?
- Was ist sofort im Team definierbar?
- Was muss noch an anderer Stelle geklärt werden?

3. Routinekommunikation und Entscheidungsprozesse

- Definition der Regelkommunikation (z. B. monatliche Video-Konferenz oder wöchentliches Telefonat zwischen Teilprojekten oder zum Abschluss einer Woche Informations-Mail des Teamleiters zum aktuellen Gesamtprojektstand …).
- Klärung möglicher Präsenzkommunikation (z. B. Video-Konferenz, Online-Chat oder Ähnliches, vor allem unter Berücksichtigung unterschiedlicher Zeitzonen).
- Umgang mit Entscheidungssituationen/Entscheidungsstrategien (Welche Dinge können im Verlauf der Arbeit vom Einzelnen, vom Team insgesamt oder vom Teamleiter entschieden werden? Welche Dinge bräuchten eine Abstimmung mit dem Management? Was sind die Erwartungen der Teammitglieder, bei welchen Entscheidungen wollen sie mit einbezogen werden, was kann und soll z. B. durch den Teamleiter oder einzeln entschieden werden?)
- Klärung der gemeinsamen Daten- und Informationsplattform, technische Umsetzung von
  - Projektmanagement (gemeinsamer Zugriff auf einen Projektplan oder Teilprojektpläne),
  - Dokumentenmanagement (Basis für geteilte Arbeitsergebnisse, Teilergebnisse und Dateien, die simultan bearbeitet werden),
  - Gruppenkalender (zum Abgleich der individuellen zeitlichen Verfügbarkeit, am besten mit Hinweis auf Zeitzonen, geplanten Urlaub, Feiertage oder Ähnlichem),

- Klärung, wer im Unternehmen der technische Ansprechpartner für die Unterstützung der Kommunikations- und Informationsmedien ist.

4. Allgemeine Gestaltung der Zusammenarbeit

- Spielregeln für den Umgang miteinander (Wie wollen wir mit Konflikten umgehen? Verständigung über Feedback-Regeln und Umgang mit Kritik).
- Was verspricht sich der Einzelne aus der Zusammenarbeit (z. B. an persönlichen Lernerfahrungen)?
- Was sind die gegenseitigen Erwartungen aneinander? (Welche positiven oder negativen Erfahrungen haben die Teammitglieder mit anderen Teams und Kollegen gemacht, was sind Wünsche für den Umgang miteinander?)

Wichtig ist, dass Sie im Rahmen eines solchen Kick-offs alles dafür tun, was Sie können, um Unklarheiten zu beseitigen und mögliche Konfliktfelder frühzeitig zu klären. Wichtig ist daneben auch, dass Sie versuchen einen persönlichen Vertrauensaufbau zu schaffen, wobei Vertrauen die beiden Aspekte Zutrauen und Integrität beinhaltet. Zutrauen können Sie z. B. schaffen, indem zu Beginn des Workshops jeder über seine fachlichen Qualifikationen und Erfahrungen mit dem zu bearbeitenden Thema berichtet. Die Integrität, heißt das menschliche Vertrauen, können Sie nur durch ein positives Arbeitsklima und eine offene Kommunikation von Anfang an beeinflussen. Mittel- und langfristig steht und fällt das zweifelsohne mit persönlichen Verhaltensweisen, wie z. B. Einhalten von Zusagen, sensibler Umgang mit vertraulichen Informationen usw. Im Rahmen Ihres Teamstart-Events können Sie hier eine gute Basis schaffen, in dem Sie auch ein lockeres, informelles Kennenlernen ermöglichen. Dazu bieten sich gemeinsame Erlebnisse und Aktivitäten an, bei denen der Spaß miteinander im Vordergrund steht und man sich als Mensch begegnet.

Wenn Sie ein interkulturelles Team leiten, empfiehlt es sich auch, die einzelnen Teammitglieder mit grundlegender Literatur zu den jeweils anderen Mentalitäten und Nationalitäten zu versorgen. So gibt es z. B.

in Deutschland die Buchserie „Gebrauchsanweisung für … (z. B. Italien)“, in der auf eine literarische, leicht zu lesende Art kulturelle Hintergründe, Besonderheiten und die Mentalität der jeweiligen Länder und Kulturen beschrieben werden.

Wenn Sie ein dauerhaftes virtuelles Team führen ist es vorteilhaft, wenn Sie ein oder zweimal im Jahr ein persönliches „Face to Face“-Meeting organisieren können. Um Kosten zu sparen werden diese Veranstaltungen oft an unternehmensweite Events, wie z. B. Konferenzen oder Feiern, angehängt. Bei einem solchen Meeting bietet es sich an, über den Status Quo der Zusammenarbeit zu sprechen und z. B. zu diskutieren, welche Spielregeln gut funktioniert haben und welche Veränderungen ratsam erscheinen. Auch können hier ausscheidende Teammitglieder verabschiedet und neue begrüßt und eingeführt werden.

6.4 Die alltägliche Führungsarbeit im virtuellen Team

Da in virtuellen Teams häufig weniger beruflich und informell kommuniziert wird als in anderen Teams, besteht einer Ihrer wesentlichen Führungsaufgaben darin, diese möglichst regelmäßige Kommunikation selber vorzuleben und bei Ihren Teammitgliedern zu fördern. Definieren Sie z. B. regelmäßige virtuelle Meetings im Netz, per Video-Konferenz oder Ähnliches, und ermuntern Sie auch Ihre Teammitglieder, sich in kleineren Gruppen zwischendurch auszutauschen. Ermuntern Sie dabei auch dazu, sich sowohl beruflich als auch informell kennen zu lernen. Dies können Sie z. B. tun, indem Sie nicht vertrauliche persönliche Informationen an andere Teammitglieder weitergeben, um deren Interesse an der jeweils anderen Person zu wecken oder zu stärken (z. B. im Sinne von „Wussten Sie eigentlich schon, dass John zwei Kinder hat, die ungefähr im gleichen Alter sind wie Ihre?“ oder „Übrigens, Michael hat mir neulich erzählt, dass er genau wie Sie gerne segeln geht“ oder „Tom hat mir erzählt, dass er sich erst letztes Jahr intensiv mit XY-Programmierungen beschäftigt hat. Das hat sich ziemlich nach Ihrem Thema ... angehört“).

Seien Sie sich in diesem Zusammenhang bewusst, dass Sie als Teamleiter eine besondere Vorbildfunktion haben und ein gutes Stück weit definieren, wie der Austausch miteinander sein sollte. Das können Sie persönlich in Ihrer Kommunikation positiv beeinflussen, indem Sie einerseits regelmäßige, auch kurze, z. B. telefonische Abstimmung mit einzelnen Teammitgliedern durchführen und dabei auch nicht versäumen, neben beruflichen und arbeitsbezogenen Dingen auch nach persönlichen Aspekten zu fragen. Zumindest sollten Sie regelmäßig mit einzelnen Teammitgliedern darüber sprechen, wie es Ihnen persönlich im gemeinsamen virtuellen Team geht und ob es noch etwas gibt, was sie für Sie tun können.

Wenn Sie als Teamleiter dauerhaft ein weit verstreutes virtuelles Team leiten, dann empfiehlt es sich im Laufe der Zeit dafür zu sorgen, dass Sie zumindest einmal bei jedem Teammitglied vor Ort in seinem Unternehmen und Büro waren, um persönlich zu sehen, wie die Dinge dort aussehen. Oft bekommt man erst durch den persönlichen Eindruck eine klare Vorstellung davon, unter welchen Bedingungen ein Teammitglied arbeitet oder welche Hilfestellungen die lokale Arbeit noch verbessern könnten. Auch indem Sie generell Unterstützungsangebote machen, prägen Sie eine Kultur der gegenseitigen Hilfsbereitschaft und des Sich-umeinander-Kümmerns.

Gerade weil Sie viele Dinge nicht unmittelbar mitbekommen und es bei alternativen Kommunikationsmedien wie Video- oder Telefonkonferenzen oft schwierig ist, zwischen den Zeilen zu lesen und Befindlichkeiten mitzubekommen, sollten Sie nach jedem virtuellen Meeting neben den Tagesthemen auch generell besprechen, was derzeit in der Arbeit gut oder weniger gut läuft und ob jemand Hilfe benötigt. Zum Abschluss eines jeden Meetings können Sie als Standard einführen, dass jeder Teilnehmer drei bis vier Sätze dazu sagt, wie das Meeting für ihn war, was ihm gut gefallen hat und was man beim nächsten Meeting besser machen könnte. Auf diese Weise stellen Sie sicher, dass jeder die Gelegenheit bekommt und explizit aufgefordert wird, seine Meinung zu sagen und so auch stillere Teilnehmer, die es nicht gewohnt sind, direkt zu sagen, wenn sie etwas stört, Gelegenheit dazu bekommen.

Last but not least eine Empfehlung für deutsche Leiter eines virtuellen Teams: Vergessen Sie den Humor nicht!

Gerade deutsche Führungskräfte neigen im internationalen Vergleich stark dazu, rein auf der Sachebene zu arbeiten, die inhaltlichen Themen ausführlich zu besprechen und wenig Raum für Persönliches und den Spaß an der Arbeit zu lassen. Denken Sie immer daran, eine gute Stimmung im Team ist die Basis für gegenseitige Wertschätzung, Toleranz und Verständnis. Sie sind darauf angewiesen, dass Ihre Teammitglieder Freude daran haben, in Ihrem Team zu arbeiten und vor Ort ihre Beiträge selbstständig und eigeninitiativ zu erbringen. Achten Sie in diesem Zusammenhang auch besonders darauf, dass die in Deutschland oft übliche sehr direkte und sachliche Art in anderen Kulturkreisen oft als barsch oder unhöflich erlebt wird.

Dazu ein Beispiel:

> Herr Seran und Frau Bernstein, zwei Projektteammitglieder aus Frankreich und Amerika, sitzen gemeinsam in einem Büro, als der deutsche Projektleiter anruft, um Frau Bernstein sachlich und knapp mitzuteilen, dass das nächste Projektteam-Meeting um eine Woche verlegt sei, und um abzufragen, ob Sie ihre Zwischenergebnisse bereits weitergemailt habe. Frau Bernstein nimmt das zur Kenntnis und gibt ihrem Projektleiter die entsprechenden Informationen. Sie wirkt aber deutlich befremdet über die ihrer Ansicht nach unfreundliche Art, ohne nach ihrem persönlichen Befinden zu fragen oder zu Beginn des Gespräches einige persönliche Worte zu wechseln. Nachdem ihr Projektleiter wieder aufgelegt hat, sagt Herr Seran, der den Projektleiter aus anderen Projekten bereits kennt: „Sag mal, Christie, weißt du eigentlich, dass unser Projektleiter zwölf Jahre lang beim Militär war? Ich habe manchmal den Eindruck, es fällt ihm recht schwer, sich umzustellen. Aber er ist eigentlich ein feiner Kerl, der meint es nicht so.“ Daraufhin Frau Bernstein: „Ja, das erklärt einiges.“

6.5 Der Umgang mit Konflikten in virtuellen Teams

Selbstverständlich können Sie alle Tipps und Empfehlungen aus Kapitel 5 genauso auch auf virtuelle Teams anwenden. Besonders ist hier allerdings zu beachten, dass Sie noch stärkeren Wert darauf legen, Ihre Teammitglieder zu ermuntern, Konflikte selbstständig zu klären und bereits im Kick-off-Workshop intensiv darüber sprechen, wie die einzelnen Teammitglieder sich eine Konfliktklärung wünschen und vorstellen.

Daneben ist es wichtig, dass Sie noch sensibler sind für mögliche Konfliktsignale. Dazu gehört z. B., dass Sie sich nach dem ersten Kick-off-Meeting Gedanken darüber machen, an welcher Stelle charakterliche Konstellationen in Ihrem Team bestehen können, die vielleicht kritisch werden (vgl. Kapitel 1), um gerade diesen Schnittstellen besondere Aufmerksamkeit zu widmen.

In interkulturellen Teams sind dabei selbstverständlich auch typische Schwierigkeiten zwischen einzelnen Nationalitäten zu berücksichtigen, die zum Teil politischer oder historischer Natur sein können. Manchmal bestehen schwierige Befindlichkeiten zwischen ehemaligen Kriegsgegnern, wie z. B. China und Japan, oder zwischen „verfeindeten“ Kulturen und Religionen, wie z. B. einigen Arabern und Juden. Wenn Sie an dieser Stelle bereits im Vorfeld Bedenken haben, sprechen Sie diese im Zweifelsfall im Einzelgespräch an und versuchen Sie zu klären, ob einzelne Teammitglieder „aus Prinzip“ mit jemandem aus einem bestimmten anderen Kulturkreis Probleme haben. Auch unterschiedliche Sichtweisen in Bezug auf die Bedeutung von Geschlecht oder Hautfarbe können zu Problemen führen. Suchen Sie dann nach möglichen Spielregeln, wie diese Zusammenarbeit laufen könnte, machen Sie dabei aber auch deutlich, dass Sie nicht bereit sind, kulturelle Diskriminierungen zu dulden. Verweisen Sie stärker auf die Chancen einer interkulturellen Zusammenarbeit und

z. B. auch auf die wesentlichen Werte und die Kultur Ihres Unternehmens insgesamt.

Zur Konfliktvorbeugung ist es wichtig, dass Sie versuchen Gemeinsamkeiten zwischen Teammitgliedern herzustellen bzw. zu betonen, damit diese wertschätzend und verständnisvoll miteinander umgehen. Unterbinden Sie frühzeitig negatives Reden übereinander, indem Sie deutlich machen, dass Sie

1. nicht über andere Teammitglieder schlecht sprechen oder lästern möchten und

2. erwarten, dass Mitarbeiter bei Problemen untereinander zunächst einmal selber direkt das Gespräch suchen und diese Dinge klären.

Wenn Sie Ihr virtuelles Team nicht nur projektbezogen, sondern über einen längeren Zeitraum führen, so empfiehlt es sich auch, sich mit den disziplinarischen Vorgesetzten Ihrer Teammitglieder in Kontakt zu setzen. Durch Gespräche über die Zusammenarbeit verhindern Sie, dass sich Befindlichkeiten oder Missverständnisse aufstauen oder eskalieren.

Sollten Sie ein dauerhaftes virtuelles Team führen, sollten Sie besonderen Wert darauf legen, dass neue hinzukommende Teammitglieder nicht nur den oben definierten Anforderungen genügen, sondern auch gut eingearbeitet werden. Dazu kann eine Einarbeitung auch an ein oder zwei dezentralen Standorten bei einzelnen Mitarbeitern erfolgen, damit das neue Teammitglied einerseits einen persönlichen Kontakt zu einzelnen Kollegen aufbauen kann und andererseits die Teamstandards und Spielregeln aus der praktischen Arbeit kennen lernt. Hier kann es schon reichen, zwei Besuche von jeweils einigen Tagen anzuberaumen.

Wenn Sie diese Dinge beachten und Ihr virtuelles Team gezielt aufbauen, haben Sie gute Chancen, von den Möglichkeiten, die sich ergeben, maximal zu profitieren und Ihre Aufgaben zum Erfolg zu führen. Es ist sicherlich eine der interessantesten und abwechslungsreichsten Aufgabengebiete, die man haben kann.

Literaturverzeichnis

Alessandra, Tony; O'Connor, Michael J., with Van Dyke, Janice, People Smarts, Pfeiffer & Company San Francisco 1994

CONNER, DARYL R., Managing at the speed of change, Villard Books, New York 1993

DEHNER, ULRICH, Die alltäglichen Spielchen im Büro, Campus Verlag, Frankfurt am Main 2001

FAERBER, YVONNE; STÖWE, CHRISTIAN, Karrierefaktor Mitarbeiter führen, Haufe Verlag, Freiburg i. Br. 2004

FRANCIS, DAVE; YOUNG, DON, Mehr Erfolg im Team, Windmühle Verlag, Hamburg 1998

KÜHL STEPHAN, SCHNELLE WOLFGANG UND SCHNELLE THOMAS, Führen ohne Führung, in: HARVARD Businessmanager, Januar 2004

SCHULZ VON THUN, FRIEDEMANN, Miteinander reden 1, Rowohlt Taschenbuchverlag, Hamburg 2003

SPRENGER, REINHARD K., Mythos Motivation, Campus Verlag, Frankfurt am Main 2002

WILDEMANN, BERND, Professionell führen, Luchterhand Verlag, Neuwied 2002

Stichwortverzeichnis

Die Autoren

Christian Stöwe, Diplom-Psychologe ist Managing Partner bei der Profil M Beratung für Human Resources Management. Als Berater, Trainer und Coach beschäftigt er sich mit der Potenzialanalyse und Entwicklung von Führungskräften in unterschiedlichen Branchen. Er ist Autor zahlreicher Publikationen zu den Themen Mitarbeiterführung und Management-Diagnostik. Neben bewährten klassischen Instrumenten entwickelt er moderne Formen der Führungskräfteentwicklung, wie z. B. Selbst-Trainingsbücher, web-based-Trainings oder online-gestützte 360°-Feedback-Verfahren.

Lara Keromosemito, Diplom-Psychologin, war vor ihrer selbstständigen Tätigkeit als Beraterin, Trainerin und Coach Bereichsleiterin im Human Resources Management der Kienbaum Management Consultants GmbH in Gummersbach. Ihre Projekterfahrungen liegen im Bereich Management-Diagnostik und -Entwicklung sowie der Entwicklung von Human Resources-Konzepten. Schwerpunkte bilden dabei z. B. die Konzeption und Durchführung von Top-Assessments, Management-Audits sowie Führungskräftetrainings. Sie hat weiterhin in ihrer zweijährigen Tätigkeit bei Andersen Consulting Change-Projekte im Rahmen der Einführung von neuer IT begleitet.